HEINRICH HEINE

HEINRICH HEINE

Winfried Freund

Impressum

Umschlagvorderseite:
Heinrich Heine, Stahlstich nach anonymer Handzeichnung, 1830 / Heinrich Heine, Porträt von Moritz Daniel Oppenheim, 1831 (Ausschnitt, picture-alliance/akg-images) / »Der Lurelei-Fels«, unbezeichneter Stahlstich, um 1850 (Ausschnitt, picture-alliance/akg-images) / Heinrich Heines Geburtshaus in Düsseldorf (akg-images) / Titelblatt der Erstausgabe von Heines »Buch der Lieder«, 1827 (ullstein bild) / Heinrich Heine auf dem Krankenlager in Paris, gepflegt von Elise Krinitz, der »Mouche«, Ölgemälde von Heinrich Lefler (Ausschnitt, picture-alliance/akg-images) / Hamburger Heine-Denkmal von Hugo Lederer

Umschlagrückseite:
»Heine und die Reaktion« – Titelblatt der Zeitschrift »Jugend«, 1906 (akg-images) / Die Freiheit führt das Volk, Ölgemälde von Eugène Delacroix, 1830 (picture-alliance/akg-images)

Frontispiz:
Heinrich Heine, getuschte Bleistiftzeichnung von Samuel Diez, 1842

Die Werke Heines werden zitiert nach: Heinrich Heines Sämtliche Werke 7 Bde.
Hrsg. v. Ernst Elster. Leipzig und Wien 1890.
Die Briefe Heines werden zitiert nach: Heinrich Heine. Briefe 2 Bde.
Hrsg. v. Friedrich Hirth. Mainz und Berlin 1949/50.

Bibliographische Information der Deutschen Bibliothek:
Die Deutsche Bibliothek verzeichnet diese Publikation in der Deutschen Nationalbibliographie; detaillierte bibliographische Angaben sind im Internet über http://dnb.ddb.de abrufbar.

Originalausgabe
© 2005 DuMont Literatur und Kunst Verlag, Köln
Alle Rechte vorbehalten
Druck: Rasch, Bramsche
Buchbinderische Verarbeitung: Bramscher Buchbinder Betriebe
Printed in Germany

ISBN 10: 3-8321-7639-X
ISBN 13: 978-3-8321-7639-6

Inhalt

Inhalt

Heinrich Heine ist noch immer einer der umstrittensten deutschen Autoren. Im Literaturunterricht der Schulen kommt er so gut wie nicht vor. Einen gewissen Raum beansprucht er demgegenüber im akademischen Lehrbetrieb. Zu den wirklich gelesenen Autoren zählt er kaum. Gerade aber sein in der Überlieferung schillerndes Bild hat bis heute die Erinnerung an ihn wachgehalten.

Gilt er den einen als Prototyp des deutschen Dichters, dem das Heimatrecht verwehrt wurde, so ist er für andere ein von der französischen Kultur erheblich beeinflusster Schöngeist. Immerhin hat er ein Vierteljahrhundert in Frankreich

M. M. Prechtl: Heinrich Heine: Loreley & Liberté, 1984

gelebt. Mit dem volkstümlichen Dichter, den manche in ihm sehen, kontrastiert der Intellektuelle, der der deutschen Tradition eher skeptisch Gegenüberstehende. Zwiespältig bewertet man sein Verhältnis zur Romantik. Hervorgehoben wird seine stilistisch gekonnte Popularisierung romantischer Motive, zugleich aber glaubt man auch unverkennbar epigonale Züge wahrzunehmen. Widerspruchsvoll stehen sich lyrische Innigkeit und ironischer Spott gegenüber.

Heines Verhältnis zur Religion ist weiterhin Gegenstand kontroverser Diskussion. Dabei überwiegt die Einschätzung als areligiöser Zyniker. Daran ändern auch die späten *Geständnisse* wenig. Schwer tut man sich überhaupt mit der Bestimmung eines weltanschaulichen, moralischen Standorts, was Heine den Ruf eines ethischen Relativisten eingetragen hat. Hinzu kommt, dass Heines Ausdrucksrepertoire zumindest für einen deutschen Dichter des 19. Jahrhunderts einigermaßen ungewöhnlich ist.

> Die Meinung, Heine habe keinen Glauben, überhaupt keine durchgängige und fassliche Überzeugung, ist schon zu seinen Lebzeiten vorgebracht worden. Sie ist aber irrig. Es ist wahr, Heine hat eine große Bedeutung in dem historischen Prozeß der religiösen Emanzipation, aber er sprach dies selber in einer religiösen Weise aus. Er war kein Philosoph, sondern ein Poet.
>
> *Dolf Sternberger, Heinrich Heine und die Abschaffung der Sünde*

Neben der Lyrik stehen die Reiseliteratur, feuilletonistische Berichterstattungen und kulturgeschichtliche Essays. Im engeren Sinn poetische Dichtungen verbinden sich mit expositorischen Texten zu einem Gesamtwerk von beachtlicher Zeitnähe und literarischer Variabilität.

Heine lebte bereits relativ früh die Existenz eines modernen Literaten, Anlass gerade aus konservativer Sicht zu Vorbehalten und Bedenken. Insbesondere sein angeblicher Mangel an Tiefe hält sich als hartnäckiger Vorwurf. So recht will das Phänomen Heine nicht in das Abziehbild des deutschen Dichters und Denkers passen. Die Skepsis und Widersprüche, die Enttäuschung liebgewonnener Erwartungsmuster aber sind es, die Heines Leben und Werk immer wieder anziehend erscheinen lassen und ständig zu neuen Diskussionen aufrufen. Heine bleibt weiterhin

Heine-Denkmal des dänischen Bildhauers Louis Hasselriis, 1883

anstößig. Herausforderung zu immer wieder neuen Annäherungen. Die ungelösten Widersprüche, die anhaltenden Erwartungstäuschungen sind die bis heute wirksamen Rezeptionsimpulse.

Frühen Ruhm erlangte er mit seinem an den romantischen Stil angelehnten *Buch der Lieder* (1827). Konnte man hier, zumindest nach erster, nicht allzu gründlicher Lektüre den Eindruck gewinnen, es mit vertrauten Ausdrucksmustern zu tun zu haben, so schieden sich die Geister bei Heines scharfzüngigen gesellschaftskritischen Zeitgedichten und seiner pointierten essayistischen Prosa. Man begann zu ahnen, dass sich in der Lyrik und den Essays, prononciert subjektive Ausdrucksformen, das mündig gewordene Subjekt aussprach, das sich von politischer wie klerikaler Bevormundung gleichermaßen emanzipierende Ich.

In Heines Person und Werk kulminiert der im Jahrhundert der Aufklärung einsetzende bürgerliche Freiheitsprozess. Mit der Erfahrung transzendentaler Obdachlosigkeit, die ihn befreite, ihn aber auch des beruhigenden Geborgenheitsgefühls beraubte, sah sich der Einzelne zusehends konfrontiert mit den Paradoxien menschlicher Existenz. Stets mün-

> O Gott! Wie häßlich bitter ist das Sterben!
> O Gott! Wie süß und traulich läßt sich leben
> In diesem traulich süßen Erdenneste!
> *Nachlese. 2. Buch. Vermischte Gedichte.*

det die Lust in Leid, der heute noch Gesunde erleidet schon morgen seine Hinfälligkeit und Gebrechlichkeit, das Alter triumphiert fortschreitend über die Jugend, und der Tod löscht schließlich das Leben aus, ohne dass es eine

Antwort gibt auf die Frage nach dem Warum. Paradox offenbart sich der unbegrenzte Geist in begrenzter Gestalt. Das göttlich Apollinische, von Heine immer wieder beschworen, dem sich der Mensch zutiefst verbunden fühlt, der Traum von der humanen Vollendbarkeit und Vollendung, die Sehnsucht nach göttlicher Unversehrtheit scheitert immer wieder neu an der desillusionierenden realen Gebrechlichkeit.

Gianlorenzo Bernini: Kopf des Apoll, 1624

Gründlich widerlegt die Leidensgestalt des Lazarus, dem Heine noch in seiner späten Lyrik eine zentrale Bedeutung einräumt, am Ende das apollinische Ideal. Lazarus ist die eigentliche Identifikationsfigur des menschlichen Daseins, in ihm sind das Kranke und das Leid aufrüttelnd präsent. Opfer seiner heillosen Ohnmacht, ist anders als dem biblischen Lazarus dem Lazarus bei Heine eine Auferstehung versagt. Leben ist immer ein Leben auf den Tod hin, eine Frage, die ohne Antwort bleibt.

Heine verkörpert den modernen Menschen jenseits religiöser Tröstungen, das Subjekt angesichts eines leeren Himmels zwischen seiner nach Ewigkeit verlangenden Lust und seinem Leiden in und an der Zeit. Am Ende steht der in die Bewusstlosigkeit mündende Tod. Leben und Sterben erscheinen gleichermaßen sinnlos, und doch sind im Bewusstsein des Werks und des gelebten Lebens Spuren gelegt von göttlicher Ahnung, von der Vorstellung, dass es auch anders sein könnte. Das Leben und Werk Heines war und ist eine bleibende Herausforderung an den Menschen, der sich mit seinem existenziellen Schicksal nicht zufrieden gibt, der sich weigert, die apollinische Ahnung der humanen Schönheit von der bedrückenden Gegenwart des Lazarus überwältigen zu lassen.

Bert Gerresheim: Heinrich Heine oder ein Lazarusgesicht, 1978

Warum schleppt sich blutend, elend,
Unter Kreuzlast der Gerechte,
Während glücklich als ein Sieger
Trabt auf hohem Roß der Schlechte?

Woran liegt die Schuld? Ist etwa
Unser Herr nicht ganz allmächtig?
Oder treibt er selbst den Unfug?
Ach, das wäre niederträchtig.

Also fragen wir beständig, Bis man
uns mit einer Handvoll
Erde endlich stopft die Mäuler —
Aber ist das eine Antwort?

Nachlese. 2. Buch.
Vermischte Gedichte.

Die Nacht ist stumm,
Nur draußen klatscht
der Regen auf die
Dächer und ächzet
wehmütig der Herbst-
wind.
Das arme Kranken-
zimmer ist in diesem
Augenblick fast wohl-
lustig heimlich, und
ich sitze schmerzlos
im großen Sessel.
Da tritt dein holdes
Bild herein, ohne
dass sich die Thür-
klinke bewegt, und
du lagerst dich auf
das Kissen zu mei-
nen Füßen. Lege
dein schönes Haupt
auf meine Kniee und
horche, ohne aufzu-
blicken.
Memoiren

Heinrich Heine wurde am 13. Dezember 1797 in Düsseldorf als ältestes Kind einer jüdischen Familie geboren. Nach seinem englischen Geschäftsfreund nannte
der Vater den Sohn Harry.

Samson Heine (1764–1828), der Sohn eines in Hannover ansässigen Händlers, stammte aus kleinen Verhältnissen. Ursprünglicher Sitz der Familie ist die
kleine niedersächsische Stadt Bückeburg. Aus der kin-

Stammhaus der Familie
Heine in Bückeburg

derreichen Familie, die schon früh den Vater verlor,
machte vor allem Salomon, der drittgeborene Sohn,
später Karriere als erfolgreicher Banker in Hamburg.
Samson ließ sich 1796 in Düsseldorf nieder, wo er in
der Bolkerstraße ein Manufakturgeschäft begründete.
Handelsprodukt war vor allem »Velveteen«, ein beliebter englischer Samt. Die besten Kunden waren die Juden, die in Düsseldorf in weitgehend liberalen Verhältnissen lebten. Ein Ghetto gab es nicht.

Das Elternhaus
Samson Heine war kein orthodoxer Jude, sondern
fühlte sich vor allem als Deutscher, der seinen Dienst

auch als kommandierender Offizier der Bürgerwehr leistete. Geschildert wird er als lebenslustiger, hübscher Mann, den Genüssen des Lebens voll zugetan. Lebensfreude und Optimismus zeichneten ihn vor allem aus und gestalteten den Umgang mit ihm äußerst angenehm. Ideologischer Fanatismus, ja, jede Form theoretischer Verbissenheit waren ihm fremd.

Eine grenzenlose Lebenslust war ein Hauptzug im Charakter meines Vaters, er war genußsüchtig, frohsinnig, rosenlaunig. [...] Er witterte mit feinen geistigen Fühlhörnern, was die Klugen erst langsam durch die Reflexion begriffen. Er dachte weniger mit dem Kopfe als mit dem Herzen [...] Er redete den Dialekt Hannovers, wo, wie auch in der südlichen Nachbarschaft dieser Stadt, das Deutsche am besten ausgesprochen wird. Das war ein großer Vorteil für mich, daß solchermaßen schon in der Kindheit durch meinen Vater mein Ohr an eine gute Aussprache des Deutschen gewöhnt wurde [...]

Memoiren

Als Harry sich einmal spöttisch und überheblich über die Religion äußert, weist er ihn sanft auf den eingebildeten Rang der Philosophie hin, die im Grunde doch nur lauter Aberglaube sei. »Er dachte weniger mit dem Kopfe als mit dem Herzen und hatte das liebenswürdigste Herz, das man sich denken kann«, sagt Heine später über seinen Vater. »Er war von allen Menschen derjenige, den ich am meisten auf dieser Erde geliebt.« Für den Sohn ist er nicht wirklich tot, wie denn geliebte Menschen im Grunde nie sterben. »Aber sie sind auch nicht tot, sie leben fort in uns und wohnen in unserer Seele.« Dem Sohn erscheint der Vater als Inbild einer lebensoptimistischen Humanität, der zutiefst liberalen Überzeugung, dass der Mensch wichtiger ist als jeder theoretische Entwurf und jedes abstrakte Bild vom Menschen.

Heines Düsseldorfer Geburtshaus in der Bolker Straße 53

Bewundernd saß Heine neben seinem Vater, wenn dieser in seiner Eigenschaft als Armenpfleger die schmalen Almosen austeilte und nicht selten von sich aus noch etwas dazutat. Menschlich ist es, so seine Einstellung, frühzeitig geben zu lernen. Bis in sein Erscheinungsbild

Johann Ziegler: Die Stadt Düsseldorf 1798

und Verhalten hinein ist der Sohn vom Vater geprägt. Voller Bewunderung weist er auf das schöne väterliche Haupthaar hin, das ja auch er geerbt hatte, und auf das makellose, niedersächsische Hochdeutsch der Familie im Unterschied zu dem ihm eher unangenehmen rheinischen Dialekt. Was vielleicht etwas vordergründig klingen mag, verrät im Grunde den ausgeprägten Schönheitssinn und das Gefühl für den Wohlklang, Eigenschaften, die Heine ein Leben lang auszeichneten und deren Spuren zurückweisen ins Elternhaus.

Samson Heine lernte in Düsseldorf schon bald Peira/Betty van Geldern, (1771–1859) die Tochter des jüdischen Arztes Gottschalk von Geldern kennen und heiratete sie 1797. Betty war eine gebildete Frau. Sie beherrschte

Isidor Popper: Betty Heine, geb. van Geldern

Latein, las anspruchsvolle Literatur wie Rousseaus *Émile*, aus dem sie auch ihre Erziehungsideale schöpfte, und immer wieder den bewunderten Goethe, mit dem sie ihren Sohn vertraut machte. Gerühmt wurde ihr Flötenspiel. Neben diesen musischen Vorlieben verfügte Betty Heine über einen starken, zielstrebigen Charakter, gepaart mit einem ausgeprägten Sinn für lebenspraktische Fragen. Sie war es, die berufliche Pläne für den Sohn entwarf und frühen literarischen Interessen eher skeptisch gegenüberstand, zumal wenn diese die praktischen Anforderungen hintanstellten. Immerhin bereitete sie die Karrieren ihrer Söhne vor.

Heines Bruder Gustav, Herausgeber des Wiener Fremdenblatts, brachte es als Baron Heine-Geldern (1805–1886) in Wien zu einem beachtlichen Vermögen, und der jüngste Bruder Maximilian (1807–1879) genoss als Arzt in St. Petersburg hohes gesellschaftliches Ansehen. Keineswegs aber kann man Betty als unduldsam oder unflexibel beurteilen. Als ihr ältester Sohn Harry, den sie gern wie den Schwager Salomon als erfolgreichen Bankier gesehen hätte, ihren Vorstellungen nicht gerecht wurde, gab sie sich auch damit zufrieden, ohne ihrem Sohn die mütterliche Zuneigung zu entziehen. Heine hat der Mutter, die ihn um drei Jahre überlebte, zeitlebens ein liebevolles und ehrendes Andenken bewahrt.

Heines Bruder Gustav

Die liberale Gefühlskultur im Elternhaus ist zweifellos von entscheidender Bedeutung für Heines emotionales Profil gewesen. Noch in seinen *Nachtgedanken* bekennt er sich offen zur Anhänglichkeit an seine Mutter:

> Die alte Frau hat mich so lieb,
> Und in den Briefen, die sie schrieb,
> Seh' ich, wie ihre Hand gezittert,
> Wie tief das Mutterherz erschüttert.

> Die Mutter liegt mir stets im Sinn,
> Zwölf lange Jahre flossen hin,
> Zwölf lange Jahre sind verflossen,
> Seit ich sie nicht ans Herz geschlossen.

Heines Bruder Maximilian

Unter den Verwandten mütterlicherseits ist es vor allem Simon van Geldern, der Bruder der Mutter, von dem Heine tief beeindruckt wurde. Der Sonderling und Hobbyschriftsteller zeigte bereits ein deutliches Interesse für alle Tagesfragen und widmete sich in diesem Sinne einer ausgedehnten Zeitungslektüre. Seine umfangreiche Bibliothek mit vielen klassischen Werken bedeuteten für den Neffen eine Fundgrube. Oft brachte er Stunden in der Dachstube zu, die angefüllt war mit Kisten alter Bücher. Der Onkel wird für Heine zum Muster einer konsequent individuellen Lebensführung, die er auch noch dann vertritt, wenn er bürgerlich eher zu scheitern droht.

Schon früh zeigt sich Heine angezogen von Menschen, die nach ihrem eigenen Gesetz anzutreten und danach zu leben versuchen. Dies gilt auch für jenen Großonkel mit dem gleichen Namen Simon van Geldern, dessen Aufzeichnungen Heine auf dem Dachboden aufstöberte. Der »Morgenländer«, wie man ihn in der Verwandtschaft nannte, hatte ein abenteuerliches, antibürgerliches Leben hinter sich gebracht. Er war nach Jerusalem gewallfahrtet, war avanciert zum Anführer eines Beduinenstammes und hatte schließlich

Thomas Rowlandson: Marktplatz in Düsseldorf, 1791

in England eine sichere, wenn auch kärgliche Zuflucht gefunden.

Was Heine an ihm imponiert, ist auch charakteristisch für seinen eigenen Lebensplan, »[...] er war halb Schwärmer, der für kosmopolitische, weltbeglückende Utopien Propaganda machte, halb Glücksritter, der im Gefühl seiner individuellen Kraft die morschen Schranken einer morschen Gesellschaft durchbricht oder überspringt. Jedenfalls war er ganz ein Mensch.«

Die Heimatstadt

Das Düsseldorf während Heines Kindheit und Jugend zeigt mit seinen ungefähr 16000 Einwohnern einen eher kleinstädtischen Zuschnitt. Das Zentrum dehnt sich vor allem am Ostufer des Rheins aus. Hier liegen das Schloss, das Rathaus und die Kirchen und Klöster.

H. Weiermann: Düsseldorf von der Rheinseite aus gesehen, 1820

Heine ist also keineswegs in ein großzügiges urbanes Ambiente hineingeboren, was seine spätere Faszination von der Weltstadt Paris erst erklären mag. Anders aber als Provinzstädte vergleichbarer Größe war Düsseldorf als Verwaltungszentrum des Herzogtums Berg Haupt- und Residenzstadt. Kulturelle Einrichtungen wie das kleine Theater am Markt, eine Gemäldegalerie, eine Oberschule und eine Malerakademie boten dem Heranwachsenden entsprechende Möglichkeiten zur Fortbildung. Von einem verschlafenen Provinznest war Düsseldorf auch schon damals weit entfernt.

Entscheidend für das geschichtlich-politische Bewusstsein des jungen Menschen war, dass Düsseldorf in den Sog der Revolutionskriege geriet. In der von Heine bewusst miterlebten Phase zwischen 1806 und 1813 war Düsseldorf französisch. Joachim Murat, ein Schwager Napoleons, regierte zwei Jahre lang als Großherzog von Berg. In dieser Zeit erlebt der vierzehnjährige Heine den Besuch Napoleons und sieht

Ort und Zeit sind auch wichtige Momente: ich bin geboren zu Ende des skeptischen achtzehnten Jahrhunderts und in einer Stadt, wo zur Zeit meiner Kindheit nicht bloß die Franzosen, sondern auch der französische Geist herrschte.

Memoiren

Johann Petersen: Einzug des Kaisers Napoleon in Düsseldorf am 31. November 1811

im Hofgarten den Revolutionskaiser persönlich. »Der Kaiser ritt ruhig mitten durch die Allee, kein Polizeidiener widersetzte sich ihm, hinter ihm, stolz auf schnaubenden Rossen und belastet mit Gold und Geschmeide, ritt sein Gefolge, die Trommeln wirbelten, die Trompeten erklangen.« Der Jugendliche ist überwältigt: »[...] und es zuckte bisweilen über dieser Stirn, und das waren die schaffenden Gedanken, die großen Siebenmeilenstiefelgedanken, womit der Geist des Kaisers unsichtbar über die Welt hinschritt –«

Napoleon und die französische Besatzung fanden im Rheinland eine durchaus freundliche Resonanz. Insbesondere die Einführung des Code Napoléon führte zu einer spürbaren Liberalisierung der Lebensverhältnisse, wie denn das revolutionäre Gesellschaftskonzept im Ganzen als fortschrittlich im Vergleich mit der noch weitgehend absolutistischen Tradition angesehen wurde. Größere soziale Gerechtigkeit erfuhren auch die Juden, nicht zuletzt im Rahmen größerer Handelsfreiheiten. In Heines Elternhaus stand man den französischen Reformen ausgesprochen aufgeschlossen gegenüber. Für Heine selbst ist die Begegnung mit der französischen Kultur in seiner Heimatstadt von richtungsweisender Bedeutung gewesen. Hier wurde bereits der Grundstein gelegt für seine immer deutlicher sich profilierende liberale Denkungsweise. Schon als Heranwachsender empfand er die Französische Revolution und ihre Folgen als Aufbruch in eine neue, an der Entfaltung des Menschen orientierte Zeit.

Die Schule

Den ersten Unterricht erhielt Heine in der ABC-Schule einer Frau Hindermans, eine der typischen Klippschulen der Zeit mit ihrem Schwergewicht auf elementaren Lernstoffen. Für kurze Zeit besuchte Heine anschließend die israelitische Privatschule eines Herrn Heinz Hertz Rintelsohn, bis er zwischen seinem 10. und 12. Lebensjahr in das Düsseldorfer Lyceum eintrat, das weitgehend der gymnasialen Schulform entsprach. Hervorgegangen war das Lyceum im alten Franziskanerkloster aus der ehemaligen Jesuitenschule. Nach Auflösung des Ordens im Jahre 1773 führten die Franziskaner die Schule notdürftig bis zu ihrer endgültigen Schließung 1803 fort. Drei Jahre später begründete man das neue Lyceum und beschloss einen an gymnasialen Anforderungen orientierten Lehrplan, der ab Ostern 1806 wirksam wurde. Heine dürfte seit 1808 Schüler der neuen, fünfklassigen Lehranstalt gewesen sein.

Einigen Eindruck hinterließ der Rektor Jakob Schallmayer, ein katholischer Geistlicher, auf Heine. Seine freidenkerischen Vorträge, insbesondere aber seine Be-

Marktkirche und alte Franziskanerkirche in Düsseldorf. Foto um 1900

wunderung für die freizügige altgriechische Religiosität kamen Heines Naturell sehr entgegen und formten seine eigenen Vorstellungen nicht unwesentlich. »Viel deutsche Sprache lernte ich vom alten Rektor Schallmayer«, schreibt Heine noch anerkennend. Überhaupt sticht seine Liebe zur deutschen Sprache immer wieder hervor, während er das Griechische mit den Mönchen des Mittelalters für eine »Erfindung des Teufels« hielt.

Etwas besser ging es mit dem Hebräischen. Heine war vor allem von der Sprache und ihren Möglichkeiten fasziniert. Insgesamt beziehen sich fast alle seine späteren Schulreminiszenzen auf die im Unterricht vermittelte Begegnung mit sprachlichen Ausdrucksmöglichkeiten. Dabei spielt die Muttersprache die entscheidende Rolle.

Ablehnend verhielt er sich gegenüber gewissen Tendenzen im Französischunterricht des Abbé Jean Baptiste Daulnoy, der dogmatisch auf Einhaltung und Erfüllung der strengen Gesetze von Poetik und der Rhetorik bestand. Heine fühlte sich von vornherein abgestoßen von dem leblosen Formalismus und weigerte sich erfolgreich, französische Verse zu machen. »Ihre Metrik«, kritisiert Heine die französische Prosodie, »hat gewiß Prokrustes erfunden, sie ist eine wahre Zwangsjacke für Gedanken, die bei ihrer Zahmheit gewiß nicht einer solchen bedürfen. Daß die Schönheit eines Gedichts in der Überwindung der metrischen Schwierigkeiten bestehe, ist ein lächerlicher Grundsatz.«

Heine ist sich früh der Eigenart der muttersprachlichen Dichtungstradition bewusst. Allerdings ist auch kaum zu leugnen, dass ihn bereits der Schulunterricht in Berührung brachte mit Problemen der Versgestaltung und so seine Sinne schärfte für den Rhythmus und den Klang. Heine, der das Lyceum um 1813 ohne Abschluss verließ, verrät früh sein ausgeprägt individuelles Urteil und seine fest gefügte Überzeugung von den selbstgewonnenen Einsichten.

Seine Mutter indes verfolgte mit ihrem Sohn weiterhin ihre eigenen Pläne, ohne auf dessen besondere An-

Schülerverzeichnis des Düsseldorfer Lyceums um 1813

NAMEN DER LYCEISTEN.

Philosophische Classe.

BAASEL, *Joh.* aus Angermund.

BEESEN, *Swib.* aus Kaiserswerth.

BREWER, *Wilhelm*, aus Düsseldorf.

DITGES, *Herrm. Joseph*, idem.

HEINE, *Harr.* id.

HEISTER, *Felix*, id.

HEISTER, *Joseph*, id.

HELLINGRATH, *Aug.* aus Gerresheim.

LOTTNER, *August.* aus Düsseldorf.

NOLDEN, *Heinr.* id.

v. SCHORLEMER, *Clemens*, aus Hellinghausen.

v. SCHORLEMER, *Fried.* id.

SOMMERS, *Pet.* aus Düsseldorf.

Erste Classe.

BAUER, *Wilhelm*, aus Düsseldorf.

BENDER, *Wilh.* id.

BOYMANNS, *Ludw.* id.

BOEKEM, *Joh*, id.

BREWER, *Hein.* id.

HAGDORN, *Franz*, aus Düsseldorf.

SCHILMANN, *Joh.* id.

SCHORN, *Joh.* id.

SETHE, *Christ.* aus Cleve.

VOIGT, *Joh.* aus Düsseldorf.

lagen Rücksichten zu nehmen. Ihre Lieblingsvorstellung war es, ihm einen Platz im Dienst der Dynastie Rothschild zu sichern. In Verfolgung dieses Ziels schickte sie ihn in die Vahrenkampfsche Handelsschule, die Heine ohne erkennbare Fortschritte bis 1815 besuchte. Auf der einen Seite bereit, seiner Mutter gerecht zu werden, ließ er sich auf der anderen nicht abbringen von seinem eigenen Lebensplan.

Von der Mutter wurde Heine auch dazu angeleitet, die religiösen israelitischen Bräuche einzuhalten. Ein wirklich religiöses Leben aber vermochte sich in dem liberalen Elternhaus kaum zu entfalten. Heines Verhältnis zur Religion blieb zeitlebens unbestimmt und

ohne eine echte Vertiefung. Zuwider war ihm schon
früh das Religionsgezänk. Gespannt gestaltete sich das
Verhältnis der Familie zu dem Rabbiner Scheuer, der
seinerzeit die Niederlassung des liberalen Samson
Heine in Düsseldorf hatte verhindern wollen.

Lektüren

Als aufgeweckter junger Leser wandte sich Heine vor
allem der Spannung und Abenteuer vermittelnden Literatur zu. Begeistert war er sowohl von Cervantes *Don
Quichotte*, aber auch von Swifts *Gullivers Reisen*. Hier

Adolph Schroedler: Don
Quijote, im Lehnstuhl
lesend, 1834

fand er die auch für ihn später wichtige Verbindung
von aktionsbestimmtem Reiseabenteuer und kritisch
satirischer Kommentierung. Romanhaftes Weltgesche-
hen forderte die subjektive Durchdringung und Verarbeitung heraus.

Daneben zeigte Heine eine ausgesprochene Vorliebe für das Antibürgerliche und Schaurige, für das, was die vertraute Ordnung immer wieder in Frage stellt. Neben dem Räuberroman *Rinaldo Rinaldini* des Goethe-Schwagers Christian August Vulpius war es vor allem E.T.A. Hoffmanns gotischer Roman *Die Elixiere des*

> Hoffmann hingegen sah überall nur Gespenster, sie nickten ihm entgegen aus jeder chinesischen Theekanne und jeder Berliner Perücke; er war ein Zauberer, der die Menschen in Bestien verwandelte und diese sogar in königlich preußische Hofräte; er konnte die Toten aus den Gräbern hervorrufen [...] seine Werke sind nichts anders als ein entsetzlicher Angstschrei in zwanzig Bänden.
>
> *Die Romantische Schule. Zweites Buch.*

Teufels, der Heine stark beeindruckte. Sozialer Aufruhr und Infragestellung einer offenbaren Unrechtsgesellschaft begegneten ihm in Schillers *Räubern*. Früh wurde auch sein Interesse für die Ballade geweckt. Insbesondere die beliebten Balladen Ludwig Uhlands schlossen ihn auf für die pointierte Darstellung elementarer Konfliktsituationen aus objektivierender Distanz. Noch im Spätwerk sollte die Ballade eine wichtige Rolle spielen.

Heines Bildungsweg bis zu seinem siebzehnten Lebensjahr ist gleichermaßen schulisch wie autodidaktisch bestimmt. Zweifellos waren die philosophischen und sprachlichen Impulse im Rahmen des Unterrichts anregend und fördernd, ebenso wichtig aber waren die Erträge der persönlichen Lesefrüchte. Sie vor allem bereiteten die eigene literarische Produktion vor.

Frankfurt

Die Mutter betrachtete die Begeisterung des Sohns für das Literarische mit gemischten Gefühlen. Ihr lebenspraktischer Sinn zielte in erster Linie auf einen einträglichen und einflussreichen Brotberuf ab. Um den Sohn mit kaufmännischem Leben vertraut zu machen, nahm ihn der Vater 1815 mit zur Frankfurter Messe. Vorbild für die gewünschte Karriere des Sohns war weiterhin der steinreiche Onkel Salomon. Heine sollte es ihm gleichtun. Und so gab man ihn als Volontär in die Lehre des Frankfurter Bankiers Nehm Beer Rindskopff.

Doch auch dieser neue Aufbruch führte, ähnlich wie der Aufenthalt auf der Handelsschule, in eine neue Sackgasse. Nur wenige Wochen dauerte die Beschäftigung in dem Bank-Comptoir, dann legte ihm der Bankier nahe, sich zu empfehlen, da der junge Mann allem Anschein nach ungeeignet für eine kaufmännische Laufbahn war. Es folgte, ebenfalls noch in Frank-

August Gottschalk: Frankfurt am Main, um 1810

furt, ein kurzes Zwischenspiel bei einem Spezereihändler. Den Ertrag seiner kurzfristigen, wenig erfolgreichen Lehrzeiten fasst Heine später selbstironisch zusammen: »[...] ich lernte bei dieser Gelegenheit, wie man einen Wechsel ausstellt, und wie Muskatnüsse aussehen.«

Hamburg

Heine wusste sehr wohl, dass ihm die Anlagen wie das Interesse für das Kaufmännische fehlten. Nach dem Willen seiner Eltern ließ er sich jedoch auf ihre Vorstellungen ein, und sei es auch nur, um ihnen bewusst

Peter Suhr: Der Jungfern-
stieg in Hamburg, 1831

zu machen, dass es sich um Irrwege handelte, die von
den eigentlichen Neigungen des Sohns wegführten.
Heine war niemand, der trotzig aufbegehrte, was ihn
aber auszeichnete, war seine große individuelle Be-
harrlichkeit, die das Irreführende ertrug, weil es am
Ende, angesichts des Misslingens, in die richtige Richtung weisen musste. »Ein berühmter Kaufmann«, erinnert sich Heine, »bei welchem ich ein apprenti mil-
lionaire werden wollte, meinte, ich hätte kein Talent
zum Erwerb, und lachend gestand ich ihm, daß er
wohl recht haben möchte.« Aus der Frankfurter Sackgasse kehrte Heine nach einigen Wochen ohne einen
Lehrabschluss wie überhaupt ohne berufliche Perspektiven ins Düsseldorfer Elternhaus zurück. Dort hatte
man allerdings die liebgewordene Vorstellung, aus
dem Sohn dennoch einen erfolgreichen Fi-
nanzmann zu machen, noch nicht aufgegeben. Noch im Jahr 1816 schickte man ihn
nach Hamburg. Salomon selbst sollte sich
nun des Neffen annehmen und ihn endlich
auf den gewünschten Weg bringen. Heine
folgte dem Wunsch seiner Eltern diesmal
mit großer innerer Zustimmung, nicht
etwa weil ihn das Bankgeschäft des Onkels
anzog, sondern seine Kusine Amalie, die
kurz vor Heines Aufbruch nach Hamburg
sich im Rheinland aufgehalten hatte. Heine
hatte spontan eine schwärmerische Zunei-

Carl Gröger: Salomon
Heine, 1822

Amalie Friedländer, geb. Heine

gung zu ihr gefasst. Sie kam ihm vor wie »ein goldener Stern«, der in das Leben eines zur Liebe erwachten Jünglings hineinleuchtete. Ob es sich dabei um eine aufrichtige Liebe handelte oder vielleicht doch nur um die Selbstverliebtheit in die eigenen, sich stürmisch äußernden emotionalen Regungen, muss fraglich bleiben. Heine auf jeden Fall erhielt Gelegenheit, sein Gefühlsleben auszuloten, intensiviert noch durch die Ahnung, dass sich eine solche Liebe gar nicht erfüllen konnte.

Fast will es scheinen, als wenn Heine beinahe genüsslich die unglückliche Liebe, ein romantisches Motiv par excellence, auskostete. Amalie, 1800 geboren, die schöne attraktive, aber auch berechnende junge Frau, die als Tochter ihres angesehenen Vaters in der Hamburger Gesellschaft einen glänzenden Platz einnahm, machte dem armen Vetter aus Düsseldorf wenig Hoffnung. Immerhin beflügelte sie Heine zu seinen ersten lyrischen Versuchen, mit denen er wenige Jahre später sein erfolgreiches literarisches Debut gab. In den Gedichten unter dem Titel *Junge Leiden*, die ab 1817 entstanden, umkreist der junge Dichter immer wieder das eigene Gefühl. Sprache wird ihm zum Medium emotionaler Selbsterkenntnis und zur Herausforderung an die eigenen gestalterischen Möglichkeiten. Auffällig ist dabei die Neigung zu pathetischer narzisstischer Inszenierung.

Mir träumte einst von wildem Liebesglühn,
Von hübschen Locken, Myrten und Resede,
Von süßen Lippen und von bittrer Rede,
von düstrer Lieder düstern Melodien.

Verblichen und verweht sind längst die Träume,
Verweht ist gar mein liebstes Traumgebild'!
Geblieben ist mir nur was glutenwild
Ich einst gegossen hab' in weiche Reime.
Junge Leiden. Traumbilder

Was treibt und tobt mein tolles Blut?
Was flammt mein Herz in wilder Glut?
Es kocht mein Blut und schäumt und gärt.
Und grimme Glut mein Herz verzehrt.

Wichtig und zumindest für die materielle Absicherung seines weiteren Lebensweges entscheidend war in Hamburg die Begegnung mit seinem Onkel Salomon. Das persönliche Verhältnis entwickelte sich gut, zumal der einflussreiche Millionär, der in seiner Villa am Hamburger Jungfernstieg

Villa Salomon Heines in der Elbchaussee um 1865.

zu den angesehensten Bürgern der Hansestadt zählte, alles daran setzte, aus dem Neffen einen respektablen Geschäftsmann zu machen. Heine, mit gewissen Aufgaben in den Geschäften des Bankiers betraut, gelang es in der Tat, die Anerkennung seines Onkels zu finden. Als Mitglied der Familie genoss er alle Annehmlichkeiten eines luxuriösen Lebenswandels. Zumeist hielt sich der Onkel auf seinem Lieblingssitz, dem Landhaus in Ottensen auf. Ein abwechslungsreicher Park mit erlesenen Anpflanzungen, Rosenrabatten, Springbrunnen und Statuen umgab das fürstliche Anwesen. Im Haus fanden Festbankette statt. Gäste waren bedeutende Persönlichkeiten aus dem politischen und kulturellen Leben. Persönlich begegnete Heine dem Fürsten Gebhard Leberecht Blücher von Wahlstadt, dem populärsten Helden der Befreiungskriege.

Die bürgerliche Saturiertheit, das Aufgehen in Geschäften und in einem oft vordergründigen Lebensgenuss rückten den mittellosen jungen Mann, der sich vor allem der Literatur und der geistigen Auseinandersetzung verschrieben hatte, zusehends auf kritische Distanz. Die Behäbigkeit und Verflachung des reich gewordenen Bürgers vermochten Heines Bild vom Menschen in keiner Weise gerecht zu werden. Spöttisch äußert er sich im Rückblick auf die Hamburger Verhältnisse noch in den *Memoiren des Herrn von Schnabelewopski* aus dem ersten Band des *Salons* (1834/35):

Salomon Heines Villa in Ottensen.

»Hamburg [...] die Vaterstadt des Rauchfleisches, und rühmt sich dessen, wie Mainz sich seines Johann Fausts und Eisleben sich seines Luthers zu rühmen pflegt. Aber was bedeutet die Buchdruckerei und die Reformation in Vergleichung mit Rauchfleisch? Ob beide ersteren genutzt oder geschadet, darüber streiten zwei Parteien in Deutschland, aber sogar unsere eifrigsten Jesuiten sind eingeständig, dass das Rauchfleisch eine gute, für den Menschen heilsame Erfindung ist.«

Anders als Düsseldorf aber war Hamburg dazu angetan, Heine mit dem urbanen Lebenswandel einer Geschäftsmetropole vertraut zu machen. Hier lernte er in authentischer Begegnung die Geschäfte kennen, die die Bürgerwelt im Innersten zusammenhielten. Hier formte sich auch seine Kritik an der sich ausbreitenden Geistlosigkeit seiner Zeit, an der Vorherrschaft des Geschäfts über den Geist.

Johann Jacob Genster: Elbestrand bei Blankenese, 1840

Wichtiger als die Adaption romantischer Ausdrucksmuster in der wohl etwas forcierten Liebeslyrik ist die auf scharfe Beobachtung gründende essayistische Verarbeitung realbürgerlicher Lebensverhältnisse. Hamburg ist nicht in erster Linie »Wiege meiner Leiden«, wie Heine etwas pathetisch formuliert, sondern steht am Anfang einer schriftstellerischen Entfaltung, zu der hier der erste Grund gelegt wurde. Die Begegnung mit der Metropole leitet die Selbstentdeckung des Lyrikers und Essayisten ein, der Literatur vor allem als emotionalen und kritischen Selbstausdruck begreift.

Der Onkel nahm von den literarischen Neigungen des Neffen wohl nur am Rande Notiz. Wichtiger war ihm weiterhin, dem ihm Anvertrauten den Weg ins Geschäft zu bahnen. Großzügig stellte er die Mittel zur Gründung eines eigenen Einzelhandels zur Verfügung. 1818 wurde das Manufakturengeschäft »Harry Heine u. Comp.« für englische Tuche ins Leben gerufen und günstig am Hamburger Graskeller platziert. Aber auch dieser erneute Aufbruch in ein erhofftes einträgliches Geschäftsleben landete schnell in einer Sackgasse. Bereits im Frühjahr 1819 war das Unternehmen bankrott. Der frisch gebackene, talentlose Geschäftsmann musste Insolvenz anmelden. Man kann wohl davon ausgehen, dass Heines eigener Einsatz dem Handel alles andere als zuträglich war.

Noch einmal folgte er den Plänen und Vorstellungen seiner Familie und machte ihnen bewusst, dass sein Lebensweg anderen Zielen zustrebte. Salomon auf jeden Fall begriff die Lektion und unterließ alle weiteren Versuche, aus dem Neffen einen Geschäftsmann zu machen. Aber er ließ ihn nicht fallen. Vielmehr war er nun bereit, dem jungen Mann einen Herzenswunsch zu erfüllen, indem er ihm die Mittel zu einem Studium in Aussicht stellte.

Der Vater, durch eine Handelskrise geschäftlich in großen Schwierigkeiten, war nicht in der Lage, ein Studium zu finanzieren. Nach Geschäftsaufgabe siedelte er nach Lüneburg über, wo er ein bescheidenes Leben führte. Salomon übernahm mehr und mehr die väterliche Fürsorge. Bedingung für ihn aber war, dass Heine ein Brotstudium ergriff. In Frage kam vor allem das Studium der Rechte mit der Berufsaussicht, eine Anwaltspraxis in Hamburg zu eröffnen. Im Sommer 1819 reiste Heine zurück nach Düsseldorf. Da er seinerzeit die Schule ohne Abschluss verlassen hatte, galt es nun, das Versäumte nachzuholen. Ein alter Lehrer aus der Jesuitenschule erteilte ihm im Haus der Eltern Privatstunden. Ende des Jahres stellte er sich in Bonn der Aufnahmeprüfung für das Studium, die er glücklich, wenn auch nur mit mäßigem Erfolg bestand.

Aber auch verwünschte Prahlerey, es scheint als sey mir die Muse untreu geworden, und habe mich allein nach Norden ziehen lassen, und sey zurück geblieben. Ist auch ein Weib. Oder fürchtet sie sich vor die furchtbaren Handelsanstallten die ich mache? Wahr ist es, es ist ein verludertes Kaufmannsnest hier. Huren genug, aber keine Musen. Mancher deutsche Sänger hat sich hier schon die Schwindsucht am Halse gesungen.
Brief an Christian Sethe vom 6. Juli 1816 aus Hamburg

Bonn. Blick auf das Koblenzer Tor, um 1830

Bonn

Im Herbst 1819 nahm Heine sein Studium an der im
Vorjahr durch Friedrich Wilhelm III. gegründeten Bonner Universität auf. Von Anfang an genoss die rheinische Hochschule ein beachtliches akademisches Ansehen, zumal es gelungen war, namhafte Gelehrte und
Wissenschaftler hier zusammenzuziehen. Neben der
juristischen stach die philosophische Fakultät heraus.
Seit 1818 lehrte Ernst Moritz Arndt (1769–1860) neuere Geschichte und trat mit patriotischen Liedern hervor. Berühmt waren sein *Vaterlandslied* von 1812 (»Der
Gott, der Eisen wachsen ließ«) und *Des Deutschen Vaterland* von 1813, wo Arndt die Frage stellt »Was ist des
Deutschen Vaterland?«, eine Frage, auf die später Hoffmann von Fallersleben in seiner Nationalhymne die
Antwort gibt.

Neben Arndt war es vor allem der romantische Programmatiker und Shakespeare-Übersetzer August Wilhelm Schlegel (1767–1845), der als Professor für
Kunst- und Literaturgeschichte wesentlich zum Ansehen der neu gegründeten Universität beitrug. Sein metrisches Feingefühl, seine virtuose Formbegabung sowie seine umfassenden literarästhetischen und literar-

historischen Kenntnisse, insbesondere auf dem Gebiet der dramatischen Dichtung, machten ihn zu einem wichtigen Wegbereiter für die moderne romantische Literatur. Neben der gewissenhaften Wahrnehmung seiner juristischen Kollegien, die er pflichtgemäß, wenn auch ohne größere Neigung absolvierte, besuchte Heine vor allem die Vorlesungen Schlegels. Hier bekam er zum ersten Mal einen systematischen Überblick über die Literaturgeschichte und wurde vertraut mit den Grundlagen romantischer Poesie. Für Heine begann eine anregende, äußerst fruchtbare Lehrzeit. Erweitert und verfeinert wurden nicht zuletzt seine metrischen Kenntnisse in einer Phase, in der eine Reihe früher Gedichte entstand. Von vornherein nahm Schlegel großen Anteil an den lyrischen Versuchen seines Schülers und ermunterte ihn, auf dem einmal eingeschlagenen Weg fortzuschreiten.

Schlegel wurde sein bedeutendster Lehrer. Dabei muss die formalästhetische Beeinflussung wohl im Ganzen höher eingeschätzt werden als die thematisch motivliche. Immerhin aber wurde Heine angeregt, sich mit romantischen Gehalten und Ausdruckstendenzen auseinander zu setzen und sich stilistisch zu vervollkommnen. Schlegels Betonung der dramatischen Dichtung, die innerhalb der romantischen Literatur einen hohen Rang einnahm, blieb auch auf Heine nicht ohne Einfluss. Wohl schon im Sommer 1820 arbeitete er in Beuel in damals noch dörflicher Abgeschiedenheit an seiner Tragödie *Almansor*.

Alles andere als ein Dramatiker, nahm auch hier Heine die Gelegenheit wahr zu einer strukturell-stilistischen Fingerübung, die ihn der eigenen Mittel und Möglichkeiten vergewisserte und ihm sicherlich auch seine persönlichen Grenzen aufwies. Wichtig aber war vor allem, dass sich Schlegel der Arbeiten seines enga-

> Über mein Verhältniß mit Schlegel könnte ich Dir viel Erfreuliches schreiben. Mit meinen Poesien war er sehr zufrieden, und über die Originalität derselben fast freudig erstaunt. Ich bin zu eitel, um mich hierüber zu wundern. *Brief aus Bonn vom 15. Juli 1820 an Friedrich von Beughem*

August Wilhelm Schlegel. Kupferstich nach einer Zeichnung von Ph. Veit

gierten Schülers annahm, indem er das Entstandene in eingehenden Gesprächen würdigte. Dabei wurde Heine auch eingeführt in die betont rückwärts gewandte Orientierung der Romantiker. »Wenn aber die Herren Schlegel für die Meisterwerke, die sie sich bei den Poeten ihrer Schule bestellten, keine feste Theorie angeben konnten, so ersetzten sie den Mangel dadurch, daß sie die besten Kunstwerke der Vergangenheit als Muster anpriesen und den Schülern zugänglich machten. Dieses waren nun hauptsächlich die Werke der christlich-katholischen Kunst des Mittelalters.«

In der Tat waren die Vorlesungen wie das geistige Klima in Bonn überhaupt erfüllt vom romantisch altdeutschen Geist; begleitet von einem ausgeprägten Nationalgefühl und einem sittlich nationalen Freiheitsstreben im Stile Arndts, der nach der Ermordung Kotzebues bis 1820 von seinem Amt suspendiert war.

Christlich deutsches Wesen oder das, was man nicht immer frei von Deutschtümelei darunter verstand, wurde vor allem in den Burschenschaften gepflegt, in denen sich auch Heine in voller Überzeugung engagierte und sich so an die Seite seiner Kommilitonen wie Karl Simrock (1802–1876), des späteren Germanisten, und August Hoffmann von Fallersleben (1798–

Burschenschaftliches Trinkgelage. Stahlstich um 1820

1874), des Dichters des Deutschlandliedes, stellte. Der durchaus fleißige Student, den studentischen Kommersbräuchen eher abgeneigt, mit einem deutlichen Widerwillen gegen das aufkommende Tabakrauchen, war von vornherein den politischen Bestrebungen innerhalb der burschenschaftlich organisierten Studentenschaft aufgeschlossen, und das in einem Klima wachsender öffentlicher Verunsicherungen. Misstrauisch verfolgten die Staatsbehörden die vom Turnvater Ludwig Jahn und seinen Turnerkreisen vertretene libe-

»Die Regierungen vereinigen sich darüber, dass die Individuen, die nach Bekanntmachung des gegenwärtigen Beschlusses erweislich in geheimen oder nicht autorisierten Verbindungen geblieben, oder in solche getreten sind, bei keinem öffentlichen Amt zugelassen werden sollen.«
»Kein Studirender, der durch eine von den Regierungs-Bevollmächtigten bestätigten oder auf dessen Antrag erfolgten Beschluss eines akademischen Senats von einer Universität verwiesen worden ist, oder der, um einem solchen Beschlusse zu entgehen, sich von der Universität entfernt hat, soll auf einer andern Universität zugelassen, auch überhaupt kein Studirender, ohne ein befriedigendes Zeugnis seines Wohlverhaltens auf der von ihm verlassenen Universität von irgend einer andern Universität angenommen werden.«
Aus dem Bundestags-Beschlusse vom 20. September 1819

rale Gesinnung, verbunden mit einer gewissen feindseligen Einstellung zu den Polizeiorganen. Alarmierend wirkte die Ermordung des reaktionären Theaterautors August Kotzebue durch den Studenten Karl Ludwig Sand am 23. März 1819.

Mit den Karlsbader Beschlüssen vom August 1819 versuchte man unter Federführung des Staatskanzlers von Metternich mit aller Schärfe gegen die Universitäten als Brutstätten der Demagogie vorzugehen. Ein ausgeklügeltes Überwachungssystem wurde in Kraft gesetzt, Freiheiten eingeschränkt und sogar ein generelles Verbot aller studentischen Verbindungen erwogen. Auch Heine selbst blieb nicht unbehelligt von der Verschärfung des öffentlichen Tons. Am 18. Oktober 1819 nahm er auf dem nahe bei Bonn gelegenen

Kreuzberg teil an einer nationalen Feier zum Gedenken der Völkerschlacht bei Leipzig (16.–18.10.1813), in der Napoleon den Kampf um die Hegemonie in Europa verlor und Deutschland räumen musste. Freudenfeuer wurden abgebrannt, und ein Berliner Theologe hielt eine vaterländische Rede. Die im ganzen harmlosen Ereignisse, aufgebauscht durch einen Zeitungsartikel, weckten das Misstrauen der Behörden. In einem Verhör musste auch Heine Rechenschaft ablegen. Anhaltspunkte für unerlaubte demagogische Aktionen ergaben sich jedoch nicht. Im Herbst 1820 verließ Heine die rheinische Universität in Bonn, wo er insbesondere durch Schlegel in seinem Selbstverständnis als kommender Autor bestätigt worden war.

Göttingen

Bevor er seine Studien fortsetzte, besuchte Heine seine Eltern in Düsseldorf. Hier fasste er den Plan zu einer Wanderung durch Westfalen, erfüllt von dem Wunsch, Land und Leute näher kennen zu lernen und authentische Begegnungen zu machen. Weniger das romantische Schweifen bewegte ihn, sondern vielmehr das Verlangen nach konkreten Reiseerfahrungen. Spätestens jetzt entdeckt Heine auch seine besondere Begabung als Reiseschilderer, der genau beobachtet und das Gesehene kritisch festhält.

Seine Reise führte ihn Ende September über Hagen und Unna nach Hamm. Von Soest aus schlug er teils

Fahrt mit der Landkutsche

zu Fuß, teils im Postwagen direkt den Weg nach Göttingen ein, wo er seine juristischen Studien zu erweitern gedachte. Im Unterschied zur neu gegründeten, vom Geist der Romantik beeinflussten Bonner Universität war Georgia Augusta eine altehrwürdige, etwas

behäbige Hochschule, die noch im Wesentlichen spätrationalistisch geprägt war. Heine besuchte auch hier geisteswissenschaftliche Kollegien. Angesprochen fühlte er sich vor allem von dem Ästhetiker Friedrich Bouterwek und dem Historiker Georg Sartorius, der viel Verständnis für Heines Gedichte aufbrachte. Insbesondere Bouterwek, dessen *Geschichte der Poesie und Beredsamkeit* Heine kannte, bereicherte sein literarisches Urteilsvermögen. Hatte er bisher vornehmlich romantische Spontaneität und Emotionalität kennen gelernt, so kam er nun in Berührung mit einer kritischen und nüchternen Betrachtungsweise, die weniger die großen Bögen schlug, sondern großen Wert auf das Detail legte. Der Einfluss auf Heine darf dabei nicht unterschätzt werden. Im Grunde

Universitätsbibliothek Göttingen. Kupferstich um 1750

Jeder muß hier wie ein Abgeschiedener leben. Nur gut ochsen kann man hier. Das war's auch, was mich herzog. Oft, wenn ich in den Trauerweiden-Alleen meines paradiesischen Beuls zur Zeit der Dämmerung dämmerte, sah ich im Verklärungsglanze vor mir schweben den leuchtenden Genius des Ochsens, in Schlafrock und Pantoffeln [...]
Brief aus Göttingen vom 20. Oktober 1820 an F. Steinmann und J.B. Rousseau

leitete die Göttinger Zeit die allmähliche Ablösung von romantischer Orientierung ein. Heine entwickelte sich zum charakteristischen Vertreter einer Zeit, die zwischen poetischen Entwürfen und realistischer Perspektive ein Doppelgesicht zeigte. Zu leugnen ist aber auch nicht, dass Göttingen mit seinem spießigen Klima ihm auch manchen Verdruss bereitet hat.

Ärgerlich spitzt sich die Auseinandersetzung mit dem Kommilitonen Wilhelm Wibel zu. Entrüstet hatte sich Heine zu der Unsitte geäußert, dass sich Mitglieder studentischer Verbindungen mit Verrufserklärungen gegenseitig ächteten. Wibel bestritt diese Behauptung nicht nur, sondern wurde obendrein ausfallend und beleidigend. Heine, in seiner Ehre verletzt, forderte Wibel auf Pistolen. Die Sache wurde jedoch ruchbar und Stubenarrest über die beiden verhinderten Duellanten verhängt. Heine erhielt ein auf ein halbes Jahr befristetes consilium abeundi. Zur gleichen Zeit wurde er wegen Verletzung des Keuschheitsprinzips aus der Burschenschaft ausgeschlossen. Er hatte sich mit einer angeblich luetischen Hausangestellten eingelassen und sich damit offenbar noch

> Ich liebe die Medizäische Venus, die hier auf der Bibliothek steht, und die schöne Köchinn des Hofrath Bauer. Ach! und bey beyden liebe ich unglücklich! Die eine ist von Gyps und die andre ist venerisch. Oder ist letzteres etwa Verläumdung? Je le trouverai.
> *Brief an Moses Moser vom 25. Februar 1824 aus Göttingen*

gebrüstet. Später arbeitete er den Vorfall in dem Gedicht *Für eine Grille – keckes Wagen!* auf und verband sein Siechtum mit einer vermuteten syphilitischen Infektion, die jedoch inzwischen als unwahrscheinlich gilt. Noch in der Göttinger Zeit erreichte Heine die Nachricht von der Verlobung seiner Kusine Amalie mit einem Königsberger Rittergutsbesitzer. Die Heirat erfolgte im August. Im Februar 1821 verließ er Göttingen und besuchte seine Verwandten in Hamburg. Entscheidend für seinen weiteren Weg war das

Gespräch mit Salomon, der dem Neffen weitere finanzielle Mittel zur Fortführung des Studiums zur Verfügung stellte.

Berlin

Im April 1821 immatrikulierte sich Heine an der Berliner Universität, der führenden Hochschule in Deutschland. Auch hier bewährt er sich als eifriger Student. Er hört Vorlesungen bei dem berühmten Rechtswissenschaftler Friedrich Karl von Savigny, Haupt der historischen Schule, über die Geschichte des 18. Jahrhunderts und die Französische Revolution bei Friedrich von Raumer und über Logik, Metaphysik und Religionsphilosophie bei Georg Wilhelm Friedrich Hegel. Griechische Literatur lernt er vor allem bei dem Philologen Friedrich August Wolf kennen.

Tiefgreifend war der Eindruck Hegels. Die dialektische Methode, von Hegel souverän angewandt, entwarf die Welt philosophisch gleichsam neu und vermittelte dem Individuum ein ganz neues Selbstbewusstsein, das sich mehr und mehr von allen althergebrachten

Blick auf Berlin mit Börse, Packhof und Friedrichsbrücke, um 1831

Hegel während der Vorlesung. Lithographie von Franz Kugler, 1828

Anschauungen und Denkweisen zu lösen begann. Der Einzelne erfuhr sich als Persönlichkeit einer Welt gegenüber, in der es ihm vorbehalten war, sich selbst zu bestimmen. Hegel war es wohl, von dem Heine die

Unsere philosophische Revolution ist beendigt. Hegel hat ihren großen Kreis geschlossen. Wir sehen seitdem nur Entwicklung und Ausbildung der naturphilosophischen Lehre. Diese ist, wie schon gesagt, in alle Wissenschaften eingedrungen und hat da das Außerordentlichste und Großartigste hervorgebracht.
Zur Geschichte der Religion und Philosophie in Deutschland

entscheidenden Impulse zu einem modernen humanen Selbstbewusstsein erhielt. Eindrucksvoll wurde so seine Lehrzeit vertieft. Parallel zu dem weitgehend erstarrten politischen Leben hatte sich in Berlin eine reiche kulturelle Szene ausgebildet. Theater, Oper und Schauspiel begeisterten die Zuschauer. Ganz oben in der Beliebtheitsskala stand Karl Maria von Webers *Freischütz*, in dem das Lied vom Jungfernkranz Heine in Entzücken versetzte. Besonders die Winterzeit war ausgefüllt mit erlesenen kulturellen Genüssen. »Wie man diesen Winter hier lebte, lässt sich von selbst erraten. Das bedarf keiner besonderen Schilderung, da Winterunterhaltung in jeder Residenz dieselben sind. Oper, Theater, Konzerte, Assembleen, Bälle, Tees, [...] kleine Maskeraden, Liebhaberei-Komödien, große Redouten u.s.w., das sind wohl unsere vorzüglichsten Abendunterhaltungen im Winter. Es ist hier ungemein viel geselliges Leben, aber es ist in lauter Fetzen zerrissen.«

Bereits im Mai 1821 gewinnt er Zugang zum literarischen Salon von Rahel und Karl August Varnhagen von Ense. Rahel, eine glühende Verehrerin Goethes, regt Heine zu einer ausgedehnten Goethe-Lektüre an. Daneben liest er den Modeautor Walter Scott, mit Begeisterung vor allem dessen *Ivanhoe*. In Varnhagens Salon in der Französischen Straße wird er bekannt mit den führenden Persönlichkeiten des geistigen Lebens in Berlin. Er lernt u.a. Adelbert von Chamisso, Friedrich de la Motte-Fouqué, Alexander von Humboldt, Johann Gottlieb Fichte und Friedrich Daniel Ernst Schleiermacher kennen. Daneben besucht er auch den Salon von Elise von Hohenhausen Unter den Linden.

Rahel Varnhagen von Ense. Lithographie von G. Küstner

Heine ist ein durchaus beliebter Gesellschafter. Sein literarischer Geschmack und sein pointierter Witz machen ihn zu einem gern gesehenen Gast. Seine Gedichte, von denen durch Varnhagens Vermittlung einige in dem von Friedrich Wilhelm Gubitz herausgegebenen *Gesellschafter* erscheinen, finden Anklang. Varnhagen ist es auch, der den Verleger und Buchhändler Friedrich Maurer für eine Drucklegung von Heines Gedichten interessieren kann. 1822 erscheint Heines erste selbstständige Buchpublikation, die vor allem die

Karl August Varnhagen von Ense, Bleistiftzeichnung von Samuel Diez

Jungen Leiden umfasst. Schon ein Jahr später folgen bei Dümmler die inzwischen vollendeten Tragödien *Almansor* und *Ratcliff* mit einem *Lyrischen Intermezzo*. Gelegentlich verkehrt Heine auch in der Berliner Weinstube Lutter & Wegener, wo er in Berührung kommt mit dem Freundeskreis um E.T.A. Hoffmann, dessen Bedeutung als Erzähler er früh erkennt. Dem Wein hat Heine wohl nur sehr mäßig zugesprochen, zumal er schon damals über oft auftretende quälende Kopfschmerzen klagt. Im August macht Heine im Kreis um

> Und es wird mir im Herzen viel Ahnung laut:
> Der Liebe Geist einst über sie taut;
> Einst kommt dies Buch in deine Hand,
> Du süßes Lieb im fernen Land.
>
> Dann löst sich des Liedes Zauberbann,
> Die blassen Buchstaben schaun dich an,
> Sie schauen dir flehend ins schöne Aug',
> Und flüstern mit Wehmut und Liebeshauch.
> *Junge Leiden. Lieder*

Christian Dietrich Grabbe, Kreidezeichnung von W. Pero, 1836

den Dichter und Regisseur Karl Köchy die Bekanntschaft mit dem westfälischen Dramatiker Christian Dietrich Grabbe, der ihm sein Drama *Herzog Theodor von Gothland* zur Beurteilung vorlegt. Heine überlässt die Handschrift zunächst Rahel Varnhagen, die ihn aber schon um Mitternacht zu sich ruft, das »entsetzliche Manuskript« wieder zurückzunehmen, da dessen Ungeheuerlichkeiten und Monstrositäten ihr den Schlaf raubten. Heine ist der erste, der die Bedeutung Grabbes, der ihm als »einer der größten deutschen Dichter« erscheint, erkennt. Unter den dramatischen Dichtern habe er »die meiste Verwandtschaft mit Shakespeare [...] Er hat dieselben Plötzlichkeiten, dieselben Naturlaute, womit Shakespeare erschreckt, erschüttert und entzückt. [...] Aber all seine Vorzüge sind verdunkelt durch eine Geschmacklosigkeit, einen Zynismus und eine Ausgelassenheit, die das Tollste und Abscheulichste überbieten [...]. Wie Plato den Diogenes sehr treffend einen wahnsinnigen Sokrates nannte, so könnte man unsern Grabbe leider mit doppeltem Rechte einen betrunkenen Shakespeare nennen.«

Im Herbst 1822 bereist Heine den damaligen preußischen Teil Polens auf Einladung seines Berliner Studienfreunds Eugen von Breza und hält sich auf dessen väterlichem Gut Swiatkowo unweit von Gnesen auf. Der Beitrag über Polen erschien im *Gesellschafter* und erregte trotz massiver Eingriffe einigen Anstoß. Vor allem Heines bissige Darstellung der adligen Gutsherrschaft rief Empörung wach. Einmal mehr aber schlägt sich hier Heines Engagement für die Würde des Menschen nieder, seine Abscheu vor jeder Form der Versklavung und Unterdrückung. »Die Unterwürfigkeit des polnischen Bauers gegen den Edelmann ist empörend. Er beugt sich mit dem Kopf fast bis zu den

Füßen des gnädigen Herrn und spricht die Formel: ich küsse die Füße [...] es fehlt nur der wedelnde Hunde-schweif. Bei einem solchen Anblick denke ich unwill-kürlich: und Gott erschuf den Menschen nach seinem Ebenbilde! – und es ergreift mich ein unendlicher Schmerz, wenn ich einen Menschen vor einem andern so tief erniedrigt sehe.«

Im Mai 1823 gehen mit Heines Berliner Studien auch seine Lehrjahre zu Ende. Er ist vertraut geworden mit den großen geistigen Strömungen der Zeit, mit den Aufschwüngen romantischer Poesie und der klas-sisch ästhetischen Kunstperiode und mit den Anzei-chen eines neuen, an den gesellschaftlich-politischen Wirklichkeiten orientierten Aufbruchs. Wach und kri-tisch hat er teilgenommen an den geistigen Zirkeln, ohne in einem von ihnen aufzugehen. Er hat gelernt, sein Leben durch Sprache zu bewältigen und zu gestal-ten. Schreibend gewinnt er seine unverwechselbare persönliche Statur, Scribo ergo sum, ich schreibe, also bin ich, ließe sich in Abwandlung des berühmten Dik-tums von René Descartes über ein Leben setzen, das im Zeitalter der Revolution das Individuum entdeckt und sich Wege zur Selbstverwirklichung bahnt.

> Ich reise nun bald ab, und ich bitte Sie, werfen Sie mein Bild nicht ganz und gar in die Polterkammer der Vergessenheit. Ich könnte wahrhaft keine Repressalien anwenden, und wenn ich mir auch hundertmal des Tags vorsagte: »Du willst Frau von Varnhagen vergessen!« es ginge doch nicht. Vergessen Sie mich nicht!
>
> *Brief vom 12. April 1823 aus Berlin*
> *an Rahel Varnhagen von Ense*

Deutlich beginnt sich bereits am Ende der Lehrzeit ein Profil zu formen, das Heinrich Mann beispielhaft und immer noch gültig umrissen hat, ein Profil, das die anhaltende Modernität Heines erklärt: »Es gibt kaum eine Persönlichkeit, die in so langer Zeit so ge-genwärtig geblieben ist, und wenig Werke, die so viel Leben behalten haben, wie das seine. Er ist das vorweg-genommene Beispiel des modernen Menschen.«

Im Mai 1823 reiste Heine ohne Studienabschluss zu seinen Eltern, die nach der geschäftlichen Pleite des Vaters nach Lüneburg verzogen waren und von Salomon unterstützt wurden. Samson Heine kränkelte seither und zeigte deutliche Erscheinungen einer Gemütserkrankung. Sein Sohn Harry erwog schon damals, das ungeliebte Jurastudium ganz aufzugeben und nach Paris überzusiedeln, wo er im ganzen liberalere Lebensverhältnisse anzutreffen erhoffte.

Noch im Sommer des gleichen Jahres suchte er seinen Onkel Salomon in Hamburg auf, um mit ihm das Vorhaben durchzusprechen und Möglichkeiten der Finanzierung zu erörtern. Doch Salomon wehrte ab und drängte auf eine Fortsetzung der Studien und einen Studienabschluss. Zuvor ermöglichte er aber dem Neffen eine Badereise nach Cuxhaven.

Bis zur endgültigen Übersiedlung Heines nach Paris im Jahr 1831 setzte nun eine rege Reisetätigkeit ein, die die persönliche Reifung nach den Lehrjahren des akademischen Studiums wirkungsvoll abschloss.

Jahre der persönlichen Reifung

Geistige Auseinandersetzungen und authentische Begegnungen formten ein individuelles Profil, das den modernen Menschen bereits ahnen lässt. Reflektion und Erfahrung, Beobachtung und Kritik bilden gleichermaßen die Grundlage der Bewältigung der nachrevolutionären Geschichts- und Gesellschaftswirklichkeit.

Am 22. Juli 1823 reiste Heine zu einem sechswöchigen Badeurlaub an die Nordsee und bezog eine Wohnung in Ritzebüttel, einem Stadtteil Cuxhavens. Er las vor allem biographische Darstellungen über E.T.A. Hoffmann, über Goethe und den romantischen Dramatiker Zacharias Werner. Eindruck hinterließ auf ihn Laurence Sternes *A Sentimental Journey through France and Italy*. Hier fand er ein brillantes Modell für den Typus der subjektiven Reiseschilderung, wie sie ihm auch selbst vorschwebte.

Ende August brach Heine zu einer Seereise nach Helgoland auf, die er allerdings wegen misslicher Wet-

Anton Melbye: Meeres-
einsamkeit, 1852

terverhältnisse abbrechen musste. Seine ersten Eindrücke von der See blieben für ihn aber unauslöschlich
und gehörten fortan zum festen Motivbestand seiner
Dichtungen. Im September hielt sich Heine im Landhaus seines Onkels in Ottensen auf, wo er seiner 1807
geborenen Kusine Therese begegnete und sich noch
einmal in ein Liebesverhältnis hineinsteigerte, das sich
aber von vornherein ähnlich aussichtslos gestaltete wie
die vorangegangene Beziehung zu Amalie. Im Ganzen
erholt und ausgeglichen, kehrte Heine in das Elternhaus nach Lüneburg zurück, wo er sich auf das von

[...] ich wollte nach Helgoland reisen, doch in der Nähe dieser
Insel mußte der Capitän wieder umkehren, weil der Sturm gar
zu entsetzlich war. Es hat ganz seine Richtigkeit mit dem, was
man von der Wildheit des Meeres sagt. Es soll einer der wildesten Stürme gewesen seyn, die See war eine bewegliche Berg-
gegend, die Wasserberge zerschellten gegen einander, die
Wellen schlagen über das Schiff zusammen und schleudern
es herauf und herab [...] Ich sage Dir, obschon ich im Winde
die Posaunen des jüngsten Gerichts hören konnte und in den
Wellen Abrahams Schooß weit geöffnet sah, so befand ich
mich doch weit besser als in der Societät mauschelnder Hamburger und Hamburgerinnen.
Brief an Moses Moser vom 23. August 1823 aus Ritzebüttel

ihm erwartete juristische Examen vorbereitete. Im Januar 1824 ließ er sich erneut in Göttingen immatrikulieren.

Gewissenhaft, wenn auch widerwillig setzte er sich mit dem alten römischen Recht auseinander. »Welch Egoismus!« schreibt Heine noch in seinen Lebenserinnerungen. »Wie die Römer selbst blieb mir immer verhaßt ihr Rechtskodex. Diese Räuber wollten ihren Raub sicherstellen, und was sie mit dem Schwert erbeutet, suchten sie durch Gesetze zu schützen; deshalb war der Römer zu gleicher Zeit Soldat und Advokat, und es entstand eine Mischung der widerwärtigsten Art.« Unüberhörbar klingt hier auch Kritik an der absolutistischen Rechtspraxis an. Bei aller Vorbereitungsarbeit blieb für Heine genügend Zeit, am studentischen Leben teilzunehmen. Ausgiebig suchte er den Paukbetrieb auf, wo er beim Mensurfechten als Sekundant und Richter auftrat. Von Göttingen aus unternahm er zwei größere Reisen.

Mensur. Lithographie um 1820

Die erste führte ihn nach Berlin. Auf der Hinfahrt kam es wohl zu der einzigen Begegnung mit Karl Leberecht Immermann in Magdeburg, der dort als Kriminalrichter tätig war und durch Dramen auf sich aufmerksam gemacht hatte, in denen er sich um die theatralische Darstellung des Zeitgeistes bemühte. Heine schätzte ihn als Mitstreiter in dem Bestreben, Literatur an zeitgenössische Problematik heranzuführen.

Literarisch ergiebiger gestaltete sich Heines zweite Reise, die er im Herbst in den Harz und nach Thüringen unternahm. Zu Fuß wanderte er über Osterode und Clausthal nach Goslar. Am 20. September bestieg er den Brocken und übernachtete im Brockenhotel, bevor er über Wernigerode und Eisleben nach Weißen-

Karl Immermann. Gemäl-
de von W. v. Schadow,
1828

In der That, wenn man die obere Hälfte des Brockens besteigt, kann man sich nicht er-
wehren, an die ergötzlichen Blocksbergsgeschichten zu denken, und besonders an die
große, mystische, deutsche National-Tragödie vom Doktor Faust. Mir war immer, als ob
der Pferdefuß neben mir hinaufklettere und jemand humoristisch Atem schöpfe. Und ich
glaube, auch Mephisto muß mit Mühe Atem holen, wenn er seinen Lieblingsberg ersteigt;
es ist ein äußerst erschöpfender Weg, und ich war froh, als ich endlich das langersehnte
Brockenhaus zu Gesicht bekam.

Reisebilder I

fels, Naumburg und Jena aufbrach. Den Abschluss
seiner Reise bildete am 20. Oktober der Besuch bei
Goethe in Weimar.

Das Brockenhaus.
Kupferstich

  Heine hatte ihm
zuvor seine 1822
erschienenen Ge-
dichte und Tragö-
dien von 1823 ge-
schickt. Ob Goethe
sich von den Dich-
tungen ein Bild ge-
macht hatte, war
fraglich. Immer-
hin ließ er sich bei

dem Besuch dazu herab, den jungen Dichter nach seinen literarischen Plänen zu fragen. Unbekümmert ließ Heine den großen Weimarer wissen, der noch immer um die Vollendung seines *Faust* rang, dass auch er eine Faust-Dichtung plane, was zwar zutraf, aber äußerst deplaziert wirken musste. Brüsk verabschiedete Goethe den offenbar anmaßend wirkenden jungen Mann.

Heine hat später seinen Besuch etwas verklärt, ohne auf die peinliche Entgleisung näher einzugehen. Die Darstellung aber ist verräterisch für seinen eigenen Standort. Goethe erscheint ihm zunächst wie ein Gott, der »mit dem Finger den Sternen am Himmel den Weg vorschreiben könne [...].« »Wahrlich als ich ihn in Weimar besuchte und ihm gegenüber stand, blickte ich unwillkürlich zur Seite, ob ich nicht neben ihm den Adler sähe mit den Blitzen im Schnabel. Ich war nahe daran, ihn griechisch anzureden, da ich aber merkte, daß er Deutsch verstand, so erzählte ich ihm auf Deutsch, daß die Pflaumen auf dem Wege zwischen Jena und Weimar sehr gut schmeckten.«

Goethe im Arbeitszimmer. Ölgemälde von J. J. Schneller, 1829/31

Bei aller Bewunderung ist doch eine unterschwellige Ironie nicht zu überhören. Goethe, in einer antik überhöhten, idealen Welt, wirkt selbst abgehoben, mehr griechisch als deutsch, mehr Kunstfigur als Mensch. In wenigen Zügen charakterisiert ihn Heine als Repräsentanten der untergegangenen klassisch-ästhetischen Kunstperiode. Die Erzählung von den Pflaumen ist das hintersinnig gesetzte Signal einer anderen, mit Sinnen greifbaren realistischen Welt, die in die idealistisch spekulative hineinragend, diese wie selbstverständlich in Frage stellt. Heine hat die klassisch-romantische Phase in ihrem hohen künstlerischen Rang zeitlebens durchaus anerkannt, er wurde sich jedoch zusehends darüber klar, dass sie den neuen, bedrängenden Problemen nicht gerecht zu werden vermochte. Nicht so sehr um Verklärung, als um Erklärung der Welt musste es gehen, wenn der Einzelne nicht vollends ins Abseits geraten wollte.

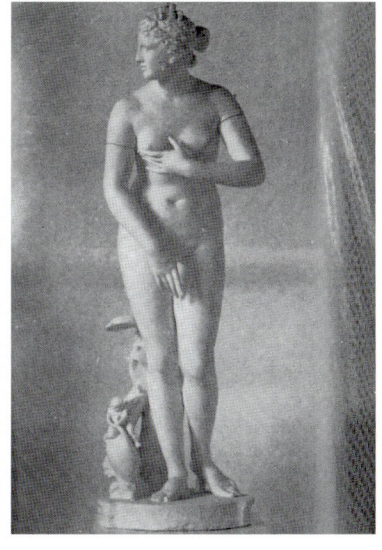

Gipsabguss der Venus von Medici aus der Göttinger Bibliothek

In Göttingen lief nun alles auf das Examen zu. Im Mai bestand Heine die erste juristische Staatsprüfung mit der Note III, nachdem er sich vorher bereits zur Promotion angemeldet und die Prüfungsgebühr von 20 Louisdor entrichtet hatte. Zuvor entschloss er sich, zum protestantischen Glauben zu konvertieren, wohl nicht aus persönlicher religiöser Überzeugung, sondern mit Blick auf eine berufliche Karriere als ein billet d'entrée in die christlich bürgerliche Gesellschaft. In Heiligenstadt im Eichsfeld nahm er Religionsunterricht und empfing dort nach einer Religionsprüfung am 28. Juni die protestantische Taufe durch den Pfarrer Gottlob Christian Grimm in dessen Privatwohnung in der Lindenallee auf den Namen Christian Johann Heinrich.

Schon im Juli 1825 folgte die Promotion zum Dr. juris. Im Rahmen einer Disputation hatte Heine die Aufgabe, fünf Thesen in lateinischer Sprache zu verteidigen. Er erhielt auch hier wie im vorausgegangenen Examen die Note III. Professor Gustav Hugo würdigte die Leistungen seines Promovenden, indem er ausdrücklich auf die literarischen Hervorbringungen Heines verwies und in einem launigen Vergleich Heine und Goethe in einem Atemzug nannte, der ja auch ein größerer Dichter als Jurist sei. Erfreut über den Erfolg seines Neffen, schenkte ihm Salomon 50 Louisdor, Reisegeld für einen Seeurlaub auf Norderney, zu dem Heine über Emden im August aufbrach.

Die Insel war damals noch nicht das mondäne Seebad. Die Gäste wohnten in bescheidenen Fischerhütten und genossen den urtümlichen Reiz der Landschaft. Vom Meer, von der Weite der Perspektiven und dem Spiel der Gezeiten ging für Heine eine Faszination aus, der er sich kaum zu entziehen vermochte. Von der Marienhöhe hinab schaute er oft Stunden auf das Wogen der Wellen, auf das Kommen und Gehen der Fluten. Das Meer setzte in ihm spontan seinen ersten großen Naturzyklus frei. Angezogen fühlte sich Heine auch vom Badebetrieb und dem gesellschaftlichen Leben. Kontakte entwickelten sich vor allem zu Carolina Augusta von Anderten, der »schönen Frau aus Celle« und zu Henriette Sophie Fürstin von Solms-Lich, einer Freundin der Familie Varnhagen. Auf Norderney traf Heine seinen inzwischen zum Staatsrat avancierten Jugendfreund Christian Sethe wieder. Nach der Abreise Sethes bat Heine ihn in einem Brief, ihm 6 Louisdor zu leihen, da er in der Spielbank einiges Geld verloren hatte und seine Mittel knapp zu werden begannen.

Im September verließ Heine die Nordseeinsel und besuchte seine Eltern in Lüneburg. Das Ende des Jahres und die Monate bis zum Juli 1826 verbrachte er zurückgezogen bei den Verwandten in Hamburg. Seine neu erwachten Hoffnungen auf eine Verbindung

> Am blassen Meeresstrande
> Saß ich gedankenbekümmert und einsam.
> Die Sonne neigte sich tiefer und warf
> Glührote Streifen auf das Wasser,
> Und die weißen, weiten Wellen,
> Von der Flut gedrängt,
> Schäumten und rauschten näher und näher –
> *Die Nordsee I. Abenddämmerung.*

mit Therese erfüllten sich nicht. Zum Scheitern verurteilt waren auch seine Pläne, sich als Advokat in Hamburg niederzulassen. Einmal mehr blieb Heine abhängig von der Unterstützung seines Onkels. Doch auch dieses Verhältnis blieb nicht ungetrübt.

Gustav Gerson Cohen, mit dem sich Heine angefreundet hatte, diffamierte den Neffen bei seinem Onkel, angestiftet vom Mann seiner Schwester Charlotte. In einem Brief vom 24. Februar 1826 schreibt Heine an seinen Freund Moses Moser, dem Mitbegründer des jüdischen Kulturvereins: »Der Mann meiner Schwester suchte, angereizt durch wohl verdiente Verachtung, die ich ihm zeigte, Rache an mir auszuüben, indem er mich und meine Lebensweise bei der ganzen Welt verleumdete und unter andern auch Cohen antrieb, bei meinem Oheim, zu meinem eigenen Besten, meine schlechte Lebensart zu schildern. [...] Da soll nun Cohen im Hause meines Oheims geäußert haben: ich sei ein Spieler, lebe müßig, müsse in schlechten Händen sein, ich hätte keinen Charakter [...]« Ganz von der Hand zu weisen, waren die Vorwürfe allerdings nicht. In der Tat zeichneten sich keine Berufsaussichten ab, und Heine schien selbst auch wenig initiativ, diesen Zustand zu ändern, zumal ihm die Juristerei im Grunde widerwärtig war. Der einzige Lichtblick in dieser Zeit war der Kontakt mit seinem späteren Hamburger Verleger Heinrich Julius Campe, der mit Heine einen Vertrag über den ersten Teil der *Reisebilder* abschloss. Das Buch fand allgemein Anerkennung und hinterließ auch in der Familie einen günstigen Eindruck. Offenbar verbesserte sich auch daraufhin wieder das Verhältnis Heines zu seinem Onkel. Die diffamierenden Vorwürfe schienen vergessen. Angesichts des Erfolgs der Reisebilder zahlte Campe seinem jungen Autor einen Vorschuss von 30 Friedrichsdor auf den geplanten zweiten Teil.

Heine, von Hamburg enttäuscht, entschloss sich zu einem neuen Seeurlaub auf

Heinrich Julius Campe, Heines Verleger

Norderney. Von weiteren Berufsplänen ist in dieser Zeit keine Rede. Vielleicht glaubte Heine damals mit Blick auf die erfolgreiche Arbeit bei Campe an eine auskömmliche Tätigkeit als freier Schriftsteller, zweifellos eine Lieblingsvorstellung von ihm. Auf Norderney begegnete er erneut Frau von Anderten und der Fürstin von Solms-Lich. Ergiebig waren die Gespräche

> Mit meiner Gesundheit geht es immer besser. Zu ihrer völligen Herstellung brauch ich das hiesige Seebad und schwimme wieder auf den Wellen der Nordsee, die mir jetzt sehr gewogen ist, weil sie weiß, daß ich sie besinge. Das Meer ist ein braves Element. Wenn ich lange Zeit davon entfernt bin, empfinde ich ordentliches Heimweh.
> *Brief an Varnhagen vom 20. Juli 1826 aus Norderney*

mit dem russischen Diplomaten Peter Fürst von Koslowski, der, viel gereist, Heines Neugier auf England weckte, der Heimat Shakespeares und Erbe einer großen Geschichtstradition. Ansonsten genoss Heine das Badeleben in vollen Zügen. Er lernte Schwimmen und war noch im September unter den letzten Badegästen. Seine Rückreise führte ihn über Bremen zu den Eltern nach Lüneburg, wo er sich bis zum 15. Januar 1827 aufhielt.

Hier entstand *Das Buch Le Grand*, das als Abschluss des zweiten Teils der *Reisebilder* eine Art Rechtfertigungsschrift für Heines schriftstellerische Existenz darstellt. Witzig geht er auf die ihm gemachten Vorwürfe ein: »Ich mußte herzlich lachen, als ich jüngst hörte, einer meiner Leute habe sich besorglich geäußert, er wisse nicht, wovon ich einst leben würde.« Gerade die aber, die nur

> Sie war liebenswürdig, und Er liebte Sie; Er aber war nicht liebenswürdig, und Sie liebte Ihn nicht.
> *Einleitungsverse zum Buch Le Grand*

am Geld hängen, sind die großen Narren, aus der der Schriftsteller sein Kapital schlägt. »[...] die Narren sind dieses Jahr ganz besonders gut geraten, und als guter Wirt konsumiere ich nur wenige, suche mir die ergiebigsten heraus. [...] Ihr seid alle die meinigen! Ihr seid mir alle gleich teuer, und ich liebe euch, wie ihr selbst euer Geld liebt.« Diejenigen, die das Geld zum höchsten Gut erheben, verwandeln sich selbst in eine niemals versiegende Quelle des Kapitals, aus der der Schriftsteller schöpft und sich bereichert.

Neben der menschlichen Narrheit ist es die Liebe, aus der der Schreibende seine Inspirationen zieht. »Ich habe des Guten so viel zu schreiben, daß ich nicht lange Federlesens zu machen brauche. Solange mein Herz voll Liebe und der Kopf meiner Nebenmenschen voll Narrheit ist, wird es mir nie an Stoff zum Schreiben fehlen.« Heine meint aber keineswegs den Liebesschmerz, und es ist auch nicht die Rede von dem Leiden an einer enttäuschten Liebeserwartung. Vielmehr geht es um die immer wieder neu sich ereignende Liebeserfüllung. »Und mein Herz wird immer lieben, solange es Frauen gibt, erkaltet es für die eine, so erglüht es gleich für die andere; [...]«

Das Buch Le Grand ist nicht nur eine Rechtfertigung, sondern auch eine Abrechnung. Amalie wie Therese sind vornehmlich Episoden im Liebesleben des Dichters, vor allem lebendige Motive für die literarische Gestaltung. Souverän tritt der Schreibende sowohl den Geldnarren gegenüber als auch den Frauen, die ihm ihre Liebe versagen, indem er beide zu Quellen seiner Inspiration stilisiert.

Anfang des Jahres 1827 reiste Heine nach Hamburg, um die Herausgabe des zweiten Teils der Reisebilder persönlich vorzubereiten. Im April war es soweit, und der Verleger Campe konnte den Lesern den lange erwarteten Band vorlegen. Zu lesen waren Nordsee II, III, Ideen, Das Buch Le Grand und Briefe aus Berlin. Unmittelbar nach dem Erscheinen seines neuen Werks brach Heine zu seiner lange geplanten Reise nach England auf, wo er ein kultiviertes öffentliches Leben erwartete, das ihn die in seinen Augen in Hamburg herrschende Enge und Kleinkariertheit vergessen machen konnte. »Der Hauptzweck meiner Reise war«, schreibt er später aus London an Moser, »Hamburg zu verlassen. Ich hoffe, die Kraft zu haben, nicht zurückzukehren.«

Heine ist ein urbaner Mensch. Unverzichtbar sind für ihn die Anregungen durch ein möglichst breit gefächertes kulturelles Spektrum. Bewundernd verfolgte er die freizügigen politischen Diskussionen und Debatten in einem Land, das Napoleon erfolgreich die Stirn geboten hatte. Hier fand er Bestätigung für seine liberalen Ideen vor dem Hintergrund einer bedeutenden Geschichtstradition. Im Tower begegnete ihm die überwundene blutige Vergangenheit der englischen Geschichte, der die Großartigkeit der nationalen Entwicklung, wie sie in der Westminster-Abtei repräsentiert war, wirkungsvoll gegenübertrat.

Ausgiebig machte Heine Gebrauch von dem reichen kulturellen Angebot. Immer wieder war er fasziniert von den Shakespeare-Inszenierungen im Drury Lane Theatre. Begeistert besuchte er Aufführungen von *Richard III., The Merchant of Venice, Othello* und *Mac-*

Auch der Küster, der dich in der Westminsterabtei herumführt, spricht immer von Shakespeare, in dessen Tragödien jene toten Könige und Königinnen, die hier in steinernem Konterfei auf ihren Sarkophagen ausgestreckt liegen und für einen Schilling sechs Pence gezeigt werden, eine so wilde klägliche Rolle spielen. Er selber, die Bildsäule des großen Dichters, steht dort in Lebensgröße, eine erhabene Gestalt mit sinnigem Haupt, in den Händen eine Pergamentrolle [...]

Shakespeares Mädchen und Frauen

beth. Erstaunt war er über das pausenlose geschäftige Treiben in der Metropole, den nicht endenden Verkehr und den hohen technischen und industriellen Standard. Alles erlebte er wie ein Kontrastprogramm zu der Provinzialität, wie sie ihm aus deutschen Verhältnissen bekannt war. Nicht zuletzt schmeichelte es ihm, dass im Mai, einen Monat nach seiner Ankunft, im *Morning Herald* die Notiz zu lesen war, dass »Dr. H. Heine, the German Satirist and Poet« in London eingetroffen sei. Von London aus unternahm er einen zweiwöchigen Ausflug nach Ramsgate, dem beliebten Seebad an der Ostküste Kents.

Heine lebte während seines gesamten Aufenthalts auf vergleichsweise großem Fuß. Neben seinem Honorar für die *Reisebilder* verfügte er über einen Betrag von

400 Pfund Sterling. Sein Onkel hatte ihm, allerdings nur für den Notfall, einen entsprechenden Kreditbrief auf Rothschild ausgestellt, den Heine ohne Zögern einlöste, um so das Leben eines großen Herrn zu führen.

Neben allem Erstaunen und aller Bewunderung kamen aber auch die kritischen Seiten der englischen Verhältnisse zu Wort. Immer wieder klagt Heine über das trübe, nasskalte Klima, über das wenig schmackhafte, würzlose Essen und über die einseitigen geschäftlichen Interessen bei auffälligem Desinteresse an jeder Form poetischen Erlebens. »Aber schickt keinen Poeten nach London!« schreibt Heine später in seinen *Englischen Fragmenten*. »Dieser bare Ernst aller Dinge, diese kolossale Einförmigkeit, diese maschinenhafte Bewegung, diese Verdrießlichkeit der Freude selbst, dieses übertriebene London erdrückt die Phantasie und zerreißt das Herz.«

Mitte August 1827 nahm Heine Abschied von London und reiste über Tilburg nach Rotterdam, wo er die Rotterdamer Messe besichtigte. Nach kurzen Aufenthalten in Leyden und Amsterdam setzte er Ende August nach Norderney über. Von dort startete er zu zwei Abstechern auf die Nachbarinseln Wangerooge und Langeoog, bevor er Mitte September über Bonn nach Hamburg fuhr. Dort kam es zu heftigen Auseinandersetzungen mit Salomon, der dem Neffen Vorwürfe machte wegen der verschwenderischen Verwendung des Kreditbriefs an Rothschild. In der Tat hatte die Reise viel Geld verschlungen. Heine selbst bezifferte die Ausgaben auf die ungeheure Summe von 6000 Mark, was ihn aber nicht daran hinderte, seinem Freund Varnhagen noch 800 Taler aus dem Fundus zur Aufbewahrung für den Notfall anzuvertrauen.

Bei aller Heftigkeit der Auseinandersetzung indes kam es auch diesmal zu keinem wirklichen Bruch mit dem Onkel, zumal Heine ja auf seine schriftstellerischen Erfolge verweisen konnte. Im Oktober erschien mit dem *Buch der Lieder* Heines wohl erfolgreichste Veröffentlichung, die bis zu seinem Tode 13 große Auflagen mit in der Regel 5000 Exemplaren erreichte.

Titelseite »Buch der Lieder« (1827)

Das Buch umfasst im Einzelnen *Junge Leiden, Lyrisches Intermezzo, Die Heimkehr, Aus der Harzreise* und *Die Nordsee* Als Honorar erhielt Heine für die erste Auflage und alle folgenden eine Gesamtsumme von 50 Louisdor, eine unangemessen niedrige Summe, zumal, wenn man bedenkt, dass der gleiche Betrag ausreichte für einen Seeurlaub auf Norderney.

Das ist der alte Märchenwald!
Es duftet die Lindenblüte!
Der wunderbare Mondenglanz
Bezaubert mein Gemüte.

Ich ging fürbaß, und wie ich ging,
Erklang es in der Höhe.
Das ist die Nachtigall, sie singt
Von Lieb' und Liebeswehe.

Sie singt von Lieb' und Liebesweh',
Von Thränen und von Lachen,
Sie jubelt so traurig, sie schluchzet so froh
Vergessene Träume erwachen.–

Das Buch der Lieder.
Aus der Einleitung zur 3. Auflage

Heine hielt nun nichts länger in Hamburg. Ende Oktober brach er in Richtung München auf, um eine Einladung durch den Verleger Johann Georg Cotta wahrzunehmen, mit dem er schon von Norderney aus in Kontakt getreten war. Vornehmlich ging es darum, zusammen mit dem Publizisten Friedrich Ludwig Lindner die Redaktion der *Neuen Allgemeinen Politi-*

schen Annalen zu übernehmen, in denen Heine Einzelartikel aus den *Englischen Fragmenten* veröffentlichte und in den Augen Cottas so seinen Ruf als politischer Schriftsteller begründete. Auf seinem Weg nach München besuchte er Jakob und Wilhelm Grimm in Kassel. Der Malerbruder Ludwig zeichnete zwei Bilder von ihm. In Frankfurt begegnete Heine Ludwig Börne, dem Mitstudenten aus Berliner Tagen, mit

Heinrich Heine. Getuschte Bleistiftzeichnung von Ludwig Emil Grimm, mit Heines Abschrift eines Gedichts aus »Neuer Frühling«, 1827

dem er einen Gang durch das Frankfurter Ghetto machte und am jüdischen Fest der Tempelweihe teilnahm. Noch war das Verhältnis Heines zu dem radikalen Vorkämpfer für geistige und soziale Freiheit einigermaßen ungetrübt, wenn er auch Börnes Fanatismus im Grunde ablehnte.

Der Weg nach München führte Heine über Heidelberg ins Württembergische. In Heidelberg traf er den jungen Johann Hermann Detmold, den späteren Satiriker des Vormärz, mit dem Heine zeitlebens freundschaftlich verbunden blieb. In der Karikatur und Ironisierung typischer Vertreter der deutschen Restaurationsgesellschaft zeigen sich auffällige Parallelen.

Bei Heilbronn bestieg Heine den Wartberg und genoss den herrlichen Ausblick ins Neckartal: Eine Weiterreise in das nur wenige Kilo-

Ludwig Börne, um 1827

»Wer gehört denn eigentlich zur schwäbischen Schule?«
»Wohlan«, antwortete man mir, »wir wollen Ihnen die Wahrheit
sagen: die Renommeen, die Sie eben aufgezählt haben, sind
vielmehr europäisch als schwäbisch, sie sind gleichsam aus-
gewandert und haben sich dem Auslande aufgedrungen, statt
daß die Renommeen der schwäbischen Schule jenen Kosmo-
politismus verachten und hübsch patriotisch und gemütlich zu
Hause bleiben bei den Gelbveiglein und Metzelsuppen des
teuren Schwabenlandes.«

Der Schwabenspiegel

meter westlich gelegene Weinsberg, den Ort der schwäbischen Spätromantiker um Ludwig Uhland, Justinus
Kerner und Gustav Schwab, erfolgte wohl nicht. Zu ihnen hatte Heine ein eher gespaltenes Verhältnis wegen
ihrer, wie er es sah, etwas weltfremden Vergangenheits-
verklärung und ihrer Abkapselung von zeitgenössischen Problemen. Sein ironisches Porträt des schwäbischen Dichterkreises führte zu einer erheblichen Ver-
stimmung, die nie wieder ganz überwunden wurde.

Bei seinem Ausflug auf den Wartberg soll Heine
nach einem Augenzeugenbericht, den der Literaturhi-
storiker Hermann Hüffer mitteilt, von einem Polizi-
sten als Autor der *Reisebilder* identifiziert, vorübergehend verhaftet und schließlich als Vertreter radikall-
liberaler Ideen als unliebsame Person des Landes verwiesen worden sein. Auch wenn dieser Vorfall sich
tatsächlich ereignet haben sollte, beeindruckt hat er
Heine nicht. Er reist weiter nach Stuttgart, wo er einige
Tage bei Wolfgang Menzel, dem Herausgeber des Lite-
raturblattes zum *Cottaschen Morgenblatt,* wohnt. Heine
las den zweiten Teil der *Deutschen Literatur* des einflussreichen Kritikers, der aus betont konservativer Sicht gegen Goethe polemisierte und später auf Grund seiner
kompromisslos ablehnenden Haltung das Verbot des
Jungen Deutschland veranlasste, zu dem er auch Heine
rechnete. Bis 1835 indes bestand jedoch ein durchaus
anregender, von gegenseitiger Achtung getragener
Austausch.

Ende November traf Heine in München ein und
wurde dort von Cotta und seiner Frau empfangen.

Cotta, der Heine als politischen Schriftsteller überaus schätzte, verpflichtete ihn zunächst gegen ein ansehnliches Honorar für die *Annalen*. Heine erhoffte sich von München Vorteile, zumal Ludwig I., der 1825 die Herrschaft angetreten hatte, einen ausgesprochen liberalen Kurs einschlug und sich engagierte für die Förderung der Künste. Sein Werk war es, die Universität von Landshut nach München zu verlegen und angesehene Gelehrte und Künstler zu berufen. Auch Heine rechnete sich eine Professur für deutsche Literaturgeschichte aus und ließ dem König durch Cotta das *Buch der Lieder* und die *Reisebilder* zukommen. Insbesondere die klerikalen Kreise aber begegneten Heine mit äußerstem Argwohn. Trotz seiner Bemühungen, den Ton in den *Annalen* zu entschärfen, ließ sich das grassierende Misstrauen nicht überwinden. Und noch von ganz anderer Seite wurde Front gemacht gegen Heine.

Der vom König hochgeschätzte August Graf von Platen hatte sich in seiner Komödie *Die verhängnisvolle Gabe* (1806) und später in *Der romantische Ödipus* (1829) gegen die barbarischen Auswüchse der romantischen Schicksalstragödie gewendet und dabei insbesondere Immermann und dessen Freund Heine angegriffen, der in seinem *Buch der Lieder* Immermanns gegen Platens Ghaselenmanie gerichtete Xenien aufgenommen hatte. Die literarischen Attacken des in München angesehenen, auf hohem ästhetischen Niveau gestaltenden Grafen fielen auf fruchtbaren Boden, gerade dort, wo es um die Entscheidung über die Besetzung akademischer Stellen ging. Als Heine Mitte Juli

August Graf von Platen. Gemälde um 1830

Therese Halle, geb. Heine. Ölgemälde um 1844

1828 München verließ, waren bereits alle Hoffnungen zerschlagen, auch wenn er es noch nicht wahrhaben wollte. Zuvor hatte ihn noch die Nachricht von der Vermählung Thereses mit Christian Halle, dem Präsidenten des Hamburger Handelsgerichts, erreicht. Auch sie hatte sich, wie ihre Schwester Amalie, für das bürgerliche Establishment entschieden.

Zweifellos musste sich Heine in seiner persönlichen Eitelkeit verletzt fühlen. Allerdings war der Ausgang durchaus voraussehbar gewesen und Heine dürfte wohl auch kaum existenziell allzu tief getroffen worden sein. München allerdings war für ihn passé. Es galt, zu neuen Ufern aufzubrechen und dafür war er selbst bereit, den einträglichen Redaktionsposten bei Cotta aufzugeben.

Heine hat niemals das Risiko der Veränderung gescheut, wenn es darum ging, misslichen Verhältnissen den Rücken zu kehren und einen viel versprechenden Neuanfang zu wagen. Er war und blieb der homo viator, stets unterwegs mit dem Ziel, das andere und im anderen sich selbst zu entdecken. Ziel war jetzt Italien, spätestens seit Goethes »Italienischer Reise« ein Muss für den Künstler und Dichter.

Heine reiste über Innsbruck, Brixen und Bozen nach Trient mitten in den italienischen Sommer hinein. Verzaubert war er von der südlichen Natur, den Farben und Düften, die sich schon ankündigen, wo der Reisende aus dem Norden das Land betritt, »wo die Zitronen blühn«. Wie selbstverständlich fallen Heine die Verse Goethes ein, wie verwachsen mit der mediterranen Landschaft!. »Während die Sonne immer schöner und herrlicher aus dem Himmel hervorblühte und Berg und Burgen mit Goldschleiern umkleidete, wurde es auch in meinem Herzen immer heißer und leuchtender, ich hatte wieder die ganze Brust voll Blumen, [...]«

In Verona besichtigte Heine das Amphitheater und den Palazzo Capuleti mit seinem berühmten Balkon, wo in Shakespeares Tragödie Julia die Huldigungen Romeos entgegen nahm. Über Bergamo, Mailand und Pavia erreichte Heine die Schlachtfelder von Marengo.

Ansicht von Verona.
Grabmäler der Scaliger

Hier hatte Napoleon am 14. Juni 1800 die Österreicher in einer auf beiden Seiten verlustreichen Schlacht besiegt und damit seine Stellung als Überwinder des ancien régime entscheidend gefestigt. Noch einmal scheint Heine ergriffen von der damaligen Begeisterung, von dem Triumph der revolutionären Idee. »Es ist uns selber nicht viel besser ergangen, wir waren mitberauscht, wir haben alle mitgeträumt, sind ebenfalls erwacht [...].«

Geblieben ist die Erinnerung an einen Aufbruch. »Laßt uns die Franzosen preisen! Sie sorgten für die

Napoleon zu Pferde. Öl-
gemälde um 1832

zwei größten Bedürfnisse der menschlichen Gesellschaft, für gutes Essen und bürgerliche Gleichheit; in
der Kochkunst und in der Freiheit haben sie die größten Fortschritte gemacht.« Doch die Zweifel lassen sich
am Ende doch nicht zum Schweigen bringen. »Aber
ach! jeder Zoll, den die Menschheit weiterrückt, kostet
Ströme Blutes, und ist das nicht etwas zu teuer? Ist das
Leben des Individuums nicht vielleicht ebensoviel wert
wie das des ganzen Geschlechtes?«

Endziel der ersten italienischen Reiseroute war Genua, eine Stadt, die Heine wenig beeindruckt, die er
sogar über alle Maßen hässlich fand. Überhaupt fällt
auch hier auf, dass er Kunst und Kultur mehr am
Rande wahrnahm. Immer wieder drängte sich das
Landschaftliche vor, eine Änderung der Sichtweise, wie
sie sich im ersten Drittel des Jahrhunderts mehr und
mehr durchzusetzen begann. Im September hielt
Heine sich in den Bädern von Lucca auf, von wo er
zwei Abstecher nach der Stadt Lucca unternahm.

Der zweite Teil des dritten Bandes (1829) der *Reisebilder* widmet sich aber weniger den Reiseeindrücken als der spöttischen Auseinandersetzung mit dem Grafen Platen, dessen Gedichte 1828 erschienen waren. Gnadenlos nimmt Heine Rache an seinem Kritiker. Für ihn ist Platen nur ein eingebildeter Dichter ohne wirkliche Naturlaute und ohne eigene poetische Sprache. Abstoßend sind seine feudal-klerikalen und antisemitischen Äußerungen. Unnatürlich ist seine unverhohlen bekundete homoerotische Veranlagung. Süffisant zitiert Heine ein selbstverräterisches Sonett Platens an Shakespeare:

Nicht Mädchenlaunen stören deinen Schlummer,
Doch stets um Freundschaft sehn wir warm dich ringen;
Dein Freund errettet dich aus Weiberschlingen,
Und seine Schönheit ist dein Ruhm und Kummer.

Die Bäder von Lucca wurden zu einer Abrechnung mit den reaktionären und widernatürlichen Tendenzen der Restaurationszeit, die Platen gleichsam musterhaft repräsentiert. Als Dichter impotent und seine Potenz vor dem natürlichen Austausch verschließend, ist er der Vertreter einer unfruchtbaren Zeit.

Kritische Töne herrschen auch im Porträt der Stadt Lucca im vierten Band der *Reisebilder* (1831) vor. Lucca ist für Heine eine vor allem klerikale Stadt mit religiös unfreien Menschen, nicht unähnlich den restaurativen

> Die Pfaffen in Italien haben sich schon längst mit der öffentlichen Meinung abgefunden, das Volk dort ist längst daran gewöhnt, die geistliche Würde von der unwürdigen Person zu unterscheiden, jene zu ehren, wenn auch diese verächtlich ist.
>
> *Reisebilder IV. Italien. Die Stadt Lucca.*

Verhältnissen in Deutschland. Im Kontrast dazu steht der herrliche Garten der Natur. »Die umgebende Natur wirkt auf den Menschen – warum nicht auch der Mensch auf die Natur, die ihn umgibt?« Der einleitende Satz schlägt das Zentralthema an. Eigentlicher Maßstab ist die unverstellte, blühende Natur. Sie kann den Menschen auf den Weg zu einem freien Dasein bringen, wenn er sich nicht verschließt hinter den Mauern klerikal religiöser Unnatur.

Heines Italienerlebnis ist anders als bei Goethe weniger kulturell und kulturgeschichtlich bestimmt als zeitkritisch. Das, was den modernen Einzelnen im Innersten bewegt, formt auch seine Wahrnehmungsweise. Unüberhörbar ist die Spannung zwischen objektiver Erfahrung und subjektiver Aneignung des Erfahrenen.

Anfang Oktober traf Heine, aus Livorno und Pisa kommend, in Florenz ein. Begeistert schreibt er an den bayrischen Minister Eduard von Schenk, der Heines Bewerbung auf die Professur, wenn auch ohne Erfolg, unterstützt hatte: »[...] die bedeutungsvollen Statuen,

Ansicht von Florenz.
Kolorierter Stahlstich

die hohen Arkaden, die Großartigkeit, dabei dennoch überall der Hauch altflorentinischer Grazie [...] und gar oben im Palast Uffizi die griechischen Götterwohnungen!« Auffällig ist die Herausstellung der Skulpturen, die Gemälde bleiben unerwähnt. Das plastische Erleben drängt sich vor, die sinnlich greifbare Gestalt. Wieder sind es die alten Götter, die Heine faszinieren, oder besser, das Verhältnis der Menschen zu ihnen, die den

Göttern neues Leben geben. »Es war aber doch nicht die uralte, zusammengeflickte Göttin der Liebe, die mich so gewaltig erhob, vielmehr waren's die Augen einer Italienerin, die gar andächtig an sie hinaufsah – ich glaube, die alten Götter werden in Italien noch immer angebetet.«

Ende November reiste Heine aus Florenz ab und wandte sich über Bologna, Ferrara, Padua und Venedig nach Norden. In München verhandelte er mit Cotta noch einmal über die *Annalen,* allerdings ergebnislos. Auf seiner Weiterreise erhielt er Ende Dezember in Würzburg die Nachricht vom Tode seines Vaters, der bereits Anfang Dezember auf dem Friedhof in Hamburg-Altona beigesetzt worden war. Ohne weitere Verzögerungen ging es nun weiter nach Hamburg, wo Heine seine Mutter traf, um die sich nach dem Tod des Vaters die Verwandten zu kümmern begonnen hatten. In Hamburg entstand das bekannte Porträt Heines von Johann Heinrich Wilhelm Tischbein. Sowohl München als auch Hamburg kamen jedoch für Heine wegen der vielfachen Enttäuschungen als Wohnsitz nicht mehr in Frage. Kurzerhand entschloss er sich, zunächst nach Berlin zurückzukehren, wo er anregende Studienjahre verlebt hatte.

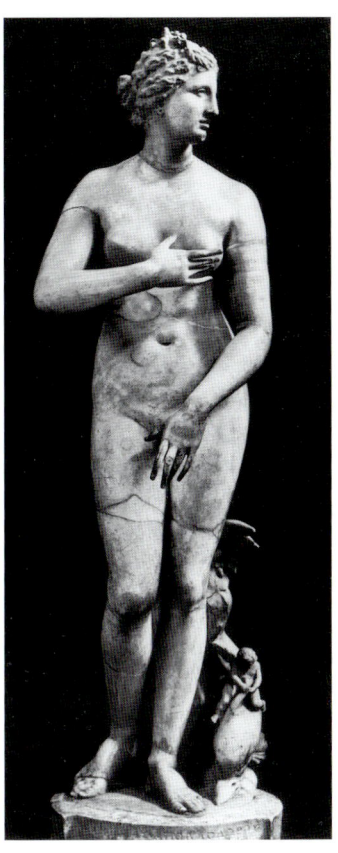

Die Venus von Medici in den Uffizien

Ende Februar konnten die alten Freunde den inzwischen renommierten Dichter und Schriftsteller begrüßen. Das *Buch der Lieder* und die *Reisebilder* hatten ihm einen Namen gemacht. Im Salon Rahel von Varnhagens traf er u.a. Achim und Bettina von Arnim, Chamisso, den Kunsthistoriker und Schriftsteller Franz Kugler und den Maler Wilhelm Hensel, der Heine porträtierte. Im Salon der Mendelssohns begegnete er dem jungen, schon damals bewunderten Musiker Felix Mendelssohn-Bartholdy und seiner Schwester Fanny.

Um sich ganz auf die Vollendung der Reisebilder konzentrieren zu können, siedelte Heine im April in das ruhigere Potsdam über. Kurz vorher begegnete er zum ersten Mal dem gefeierten Opernkomponisten Giacomo Meyerbeer, der ihn später noch einige Male beschäftigen sollte. Nach Fertigstellung des zweiten Teils der für das Cottasche *Morgenblatt* bestimmten *Reise von München nach Genua* entschloss sich Heine für einen Seeaufenthalt auf Helgoland, wo er in den Monaten August und September Ruhe und Entspannung fand. An den Freund Moses Moser schreibt er: »Ich habe mich, nach einem kleinen Seesturm, glücklich hierher gefunden, wo ich mich wohl und heiter auf dem roten Felsen ergehe. Ich befinde mich in der Tat recht wohl und heiter. Das Meer ist mein wahlverwandtes Element, und schon sein Anblick ist mir heilsam.«

Das Meer, seine grenzenlose Weite und sein eigendynamischer Rhythmus sind für Heine Ausdruck naturgegebener Freiheit. Die urwüchsige Landschaft wird zum Sinnbild des menschlichen Verlangens nach uneingeschränkter Ausdehnung und Entfaltung. Mensch und Landschaft bilden eine vitale Symbiose, die die klassisch idealistische Abschottung des Menschen von seinem sinnlichen Umfeld längst überwunden hat.

Die Vorbereitung der Buchausgabe des dritten Teils der *Reisebilder* rief Heine nach Hamburg, wo er zeitweise bei seiner Mutter auf dem Neuen Wall wohnte. Die im Dezember vorliegenden *Reisebilder* stießen auf Empörung und Ablehnung. Ganz und gar widersprachen die polemischen Ausfälle gegen den Grafen Platen den Erwartungen der Leser, die in der aufkommenden Reiseliteratur eine Chance sahen, ihren Blick über die eigenen engen Grenzen hinaus richten zu können und in Berührung zu kommen mit nie Gesehenem. Die zum Teil aufgebrachten Reaktionen trugen zweifellos dazu bei, Heine den Aufenthalt in Hamburg noch mehr zu verleiden. Ein Lichtblick war die Begegnung mit dem aus Altona stammenden jungdeutschen Schriftsteller Ludolf Wienbarg im Fe-

> Das Wetter erlaubt mir erst Ende dieser Woche ins Bad zu reisen. Ich befinde mich öde gestimmt, kopfleidend und zu nichts aufgelegt. Ich habe ein wüst lieblos fatales Jahr verbracht! Möge meine Stimmung und Stellung sich bald ändern!
> *Brief an Varnhagen vom 21. Juni 1830 aus Wandsbek*

bruar 1830. Noch im Frühjahr kehrte Heine dem ungeliebten Hamburg den Rücken und zog sich in die Einsamkeit nach Wandsbek zurück. »Seit zehn Tagen wohne ich ganz allein in Wandsbeck, wo ich seitdem noch mit niemandem gesprochen, außer mit Thiers und dem lieben Gott – [...]« schreibt er an Varnhagen. Gemeint sind Adolphe Thiers, in dessen Buch *Histoire de la Révolution française* sich Heine vertieft hatte, und die Bibel.

Intensiv erlebte Heine das Frühjahr als Zeit des Aufbruchs, auf dem Lande viel aufregender als in der Stadt. »Das Bedürfnis der Einsamkeit wird mir nie fühlbarer als beim Anfang des Frühjahrs, wenn das Erwachen der Natur sich auch in den Gesichtern der Stadtphilister zeigt und unerträglich gemütliche Grimassen hervorbringt. Wie viel nobler und einfacher gebärden sich die Bäume, die ruhig grün werden und bestimmt wissen, was sie wollen! – Auch ich weiß bestimmt, was ich will, aber es kommt nie viel Grünes dabei heraus.« Einmal mehr drückt sich im Naturvergleich aus, was den Menschen im Innersten bewegt. Aber im schmerzlichen Unterschied zum naturhaften Umfeld fehlen dem nach freier Entfaltung verlangenden Einzelnen in einer einengenden reaktionären Gesellschaft die freisetzenden Wachstumsbedingungen.

Von Wandsbek aus wandte er sich einige Male nach Hamburg. So auch zum Gastspiel Niccolò Paganinis im Hamburger Komödienhaus. »War mir aber Paganini, als ich ihn am hellen Mittage unter den grünen Bäumen des Hamburger Jungfernstiegs einherwandeln sah, schon hinlänglich fabelhaft und abenteuerlich erschienen: wie mußte mich erst des Abends im Konzerte

Der Teufelsgeiger. Zeichnung von J. P. Lyser. Hamburg 1830

seine schmerzlich bizarre Erscheinung überraschen.« Bezwungen fühlt sich Heine spontan von dem unvergleichlichen Schmelz der Kantilene: »O, das waren Melodien, wie die Nachtigall sie flötet in der Abenddämmerung, wenn der Duft der Rose ihr das ahnende Frühlingsherz mit Sehnsucht berauscht. O, das war eine schmelzende, wollüstig hinschmachtende Seligkeit!« Bemerkenswert an der Schilderung ist das sinnlich umfassende, fast plastische Erleben. Musik öffnet weniger den Blick in unendliche Räume wie bei den Romantikern, sondern gewinnt im endlichen Raum selbst betörende Gestalt.

Noch einmal entschloss sich Heine zu einer Urlaubsreise nach Helgoland, wo er Ende Juni eintraf. Anfang August erreichte ihn dort die Nachricht von der Pariser Julirevolution, die ihn von vornherein elektrisierte. Die Zeit der Befreiung von absolutistischer Willkür schien greifbar nahe gerückt. Einmal mehr hatten sich französische Bürger aufgelehnt gegen Entmündigung und Unterdrückung. »Der gallische Hahn hat zum zweiten Male gekräht, und auch in Deutschland wird es Tag. In entlegene Klöster, Schlösser, Hansestädte und dergleichen letzte Schlupfwinkel des Mittelalters flüchten sich die unheimlichen Schatten und Gespenster, die Sonnenstrahlen blitzen, wir reiben uns

Lafayette, die dreifarbige Fahne, die Marseillaise ... Fort ist meine Sehnsucht nach Ruhe. Ich weiß jetzt wieder, was ich will, was ich soll, was ich muß ... Ich bin der Sohn der Revolution und greife wieder zu den gefeiten Waffen, worüber meine Mutter ihren Zaubersegen ausgesprochen ... Blumen! Blumen! Ich will mein Haupt bekränzen zum Todeskampf.
Ludwig Börne. Zweites Buch.
Brief aus Helgoland vom 10. August 1830

die Augen, das holde Licht dringt uns ins Herz, das wache Leben umrauscht uns [...]«

Noch im März 1831, nach Heines Rückkehr aus Helgoland zur Vorbereitung des vierten Buchs der *Reisebilder* im August 1830, entstand die Einleitung zu *Kahldorf über den Adel,* in der er sich mit der allgemeinen Lage nach der Julirevolution auseinandersetzt. Wieder erscheint ihm Frankreich als das leuchtende liberale Vorbild. »Aber in Frankreich flammt immer mächtiger die Sonne der Freiheit und überleuchtet die ganze Welt mit ihren Strahlen.« Heine fühlte, dass er in Deutschland, wo die Stickluft der Restauration sich nicht auflösen wollte, nicht länger leben konnte. Mächtig regte sich in ihm der alte Wunsch, nach Paris, zur europäi-

Insel Helgoland. Stahlstich von A. H. Payne, um 1840

schen Hauptstadt der Freiheit, aufzubrechen, und diesmal gab er dem Wunsch nach.

Im Mai 1831 nahm er Abschied von seinem Vaterland, dem er immer in einer Art Hassliebe verbunden bleiben sollte, und reiste über Frankfurt, Heidelberg, Karlsruhe und Straßburg in das vom Geist der Revolution erfüllte Land, wo er sich eine neue politische Heimat und eine Zukunft für den Menschen erhoffte.

Das »Buch der Lieder«, die Tragödien und die »Reisebilder«

Heinrich Heines in seiner ersten Schaffensphase in Deutschland entstandenen Werke zeigen in der Wahl der Gattungen bereits ihren unverkennbaren charakteristischen Zuschnitt. Poetische und essayistische Ausdrucksformen dominieren, während die Tragödie Episode bleibt.

> Das tausendjährige Reich der Romantik hat ein Ende und ich selbst war sein letzter und abgedankter Fabelkönig.
> *Brief an Varnhagen vom 3. Januar 1846*

Repräsentativ ist vor allem das 1827 erschienene *Buch der Lieder*, das Heine mit einem Schlag bekannt

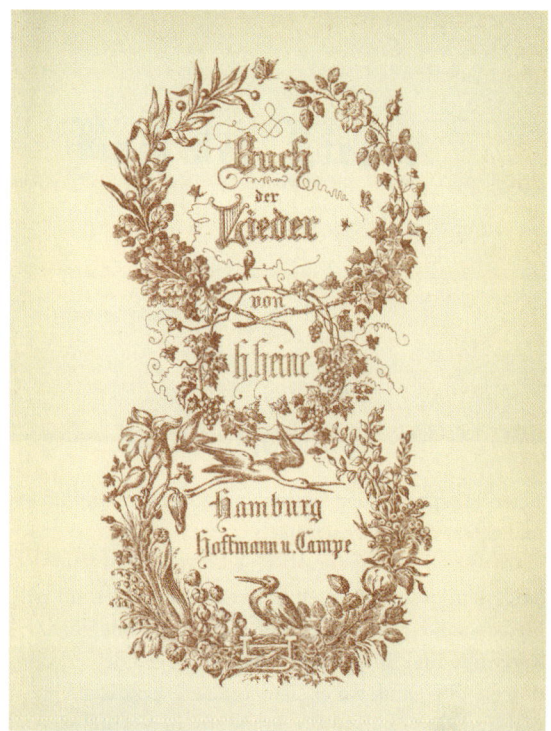

Buch der Lieder. Hamburg, Hoffmann und Campe

machte. Neu ist die Zusammenstellung der weitgehend vorher bereits veröffentlichten Texte. Die einleitenden *Jungen Leiden* sind nahezu identisch mit den 1822 vorgelegten *Gedichten*, das *Lyrische Intermezzo* erschien zum erstenmal 1823 als Zwischenstück zwischen den Tragödien, und die Gedichte *Aus der Harzreise* und die beiden Nordseezyklen sind dem ersten Band der *Reisebilder* (1826) entnommen. Dort erschien auch der Zyklus *Die Heimkehr* zum ersten Mal.

Souverän handhabt Heine Motive, Stil und Strukturen der bereits verblassenden romantischen Dichtung. Vieles liest sich wie ein Abgesang auf eine bedeutende poetische Epoche. Beherrschend ist das Motiv der verlorenen, unglücklichen Liebe, ein in der romantischen Lyrik immer wiederkehrender Topos. Liebe ist für den Romantiker wie seine Sehnsucht im Grunde unerfüllbar, ihre Unerfüllbarkeit hier und jetzt macht ihr eigentliches Wesen aus. Volksliedhaft, getragen von eingängiger Musikalität kommen die drei- und vierhebigen Verse daher, gefügt zu in der Regel vierhebigen Strophen mit wechselnden Reimstellungen. Die Sprache ist schlicht und zugleich emotionalisierend, Klangmuster bildend, in denen der Leser wie von selbst mitschwingt. Und doch werden immer wieder Töne angeschlagen, die die scheinbar naive Stimmung relativieren.

> Kennst du noch das alte Liedchen
> Von der Schlang' im Paradies,
> Die durch schlimme Apfelgabe
> Unsern Ahn ins Elend stieß?
>
> Alles Unheil brachten Äpfel:
> Eva bracht' damit den Tod,
> Eris brachte Troja's Flammen
> Du bracht'st beides, Flamm' und Tod.

Die biblischen und mythologischen Anspielungen, die komische Verallgemeinerung von den unheilvollen Äpfeln und die übertrieben kulminierende Darstellung der grausamen Geliebten heben den Volksliedton auf und erwecken den Eindruck eines literarischen Motivspiels. Dies gilt in besonderem Maße für einige der balladischen Romanzen.

In *Der arme Peter* und *Die Fensterschau* erscheinen die Freier verfremdet zu grotesken Wiedergängern und lebenden Leichnamen. Die phantastisch-ironische Dar-

Heinrich Heine. Radierung von Ludwig Emil Grimm, nach eigener Skizze, 1827

stellung durchkreuzt das naiv Volksliedhafte. *Don Ramiro* wendet das Phantastische ins Tragische. Der aus dem Leben geschiedene, abgewiesene Liebhaber erscheint auf dem Hochzeitsfest seiner einstigen Geliebten und beschwört eine düstere Stimmung herauf. Liebe und Tod liegen nahe beieinander.

Neue Töne schlagen die Balladen *Die Grenadiere* und *Belsatzar* an. Im Vordergrund steht das geschichtliche Erleben. Fassungslos blicken die Grenadiere zurück auf die Niederlage Napoleons, dem sie noch in ihrer äußersten Verzweiflung ihrer Treue versichern.

Unüberhörbar klingt das revolutionäre Engagement an, die Begeisterung für die verheißene Freiheit wie sie in Napoleon Gestalt gewonnen hatte. Ihm gegenüber, einen äußersten Kontrast verkörpernd, steht der babylonische Despot Belsatzar, eine verfremdete Folie für den absolutistischen Potentaten. Beispielhaft, in einer Art Alibi-Handlung, vollzieht sich das Gericht über einen Willkürherrscher, der die heiligsten Güter des Volkes missachtet. In beiden Balladen meldet sich der Geschichtskritiker und Visionär zu Wort, der, die poetischen Entwürfe allmählich überwindend, den Blick richtet auf die eigene Gegenwart.

> »Jehovah! Dir künd ich auf ewig Hohn,–
> Ich bin der König von Babylon!«
>
> Doch kaum das grause Wort verklang,
> Dem König ward's heimlich im Busen bang.
>
> Das gellende Lachen verstummte zumal;
> Es wurde leichenstill im Saal.
>
> Und sieh! und sieh! an weißer Wand.
> Da kam's hervor, wie Menschenhand;
>
> Und schrieb, und schrieb an weißer Wand
> Buchstaben wie Feuer, und schrieb und schwand.
>
> Der König stieren Blicks da sahs,
> Mit schlotternden Knie'n und totenblaß.
>
> Der Knechtenschar saß kalt durchgraut,
> Und saß gar still, gab keinen Laut.
>
> Die Magier kamen, doch keiner verstand
> Zu deuten die Flammenschrift an der Wand.
>
> Belsatzar ward aber in selbiger Nacht
> Von seinen Knechten umgebracht.
>
> Aus: *Belsatzar*

Das *Lyrische Intermezzo* nimmt die Motivik und den Stil, wenn auch gedrängter und pointierter, wieder auf. Deutlich gesetzt sind auch hier die ironisch distanzierenden Signale. Das Leiden an der Liebe wird zum Anlass sprachlich poetischer Selbstbehauptung.

> Es ist eine alte Geschichte,
> Doch bleibt sie immer neu;
> Und wem sie just passieret,
> Dem bricht das Herz entzwei.

In der Rolle des Lebensweisen befreit sich das Ich vom Schmerz über das Erlittene, indem es auf die ewige Wiederkehr des Immergleichen verweist. Was aber jedem widerfährt und überall geschieht, verliert am Ende seine ganz persönliche Wirkung. Das spontane Ergriffensein weicht dem altklugen Kommentar.

Auffällig in der Sammlung *Die Heimkehr*, gemeint ist die Rückkehr aus Berlin, ist die Intensivierung der komischen und ironischen Brechungen. Am Anfang steht das wohl berühmteste Gedicht der Sammlung. Die *Loreley* erzählt ganz im Stil romantischer Mythen die Geschichte von der berückenden Schönheit und dem betörenden Gesang der sagenhaften Jungfrau, die den vorbeifahrenden Schiffern zum Verhängnis zu werden droht. Nicht zu überlesen sind aber auch hier die distanzierenden Signale. Ein »Märchen aus alten Zeiten« ist die Geschichte, präsent weniger in der Wirklichkeit als im Bewusstsein des lyrischen Ichs, das sich zum Schluss noch einmal zu Wort meldet und den Untergang des Schiffers in den Bereich des Glau-

Loreley. Öl auf Leinwand, wohl von Ferdinand Marternsteig, um 1872

Ansicht des Loreley-Felsens bei St. Goarshausen. Gouache und Pastell von Johann Ludwig Bleuler, um 1840

Ich weiß nicht, was soll es bedeuten,
Daß ich so traurig bin;
Ein Märchen aus alten Zeiten,
Das kommt mir nicht aus dem Sinn.

Die Luft ist kühl und es dunkelt,
Und ruhig fließt der Rhein;
Der Gipfel des Berges funkelt
Im Abendsonnenschein.

Die schönste Jungfrau sitzet
Dort oben wunderbar,
Ihr goldnes Geschmeide blitzet.
Sie kämmt ihr goldenes Haar.

Sie kämmt es mit goldenem Kamme,
Und singt ein Lied dabei;
Das hat eine wundersame,
Gewaltige Melodei.

Anfang der Loreley

bens verweist. Der Mythos scheint durch die Art der sprachlichen Darstellung desillusioniert. Gerade in einem der berühmtesten frühen Gedichte Heines nimmt das Selbstverständnis als letzter und abgedankter Fabelkönig der Romantik Gestalt an.

Die Wirklichkeit dringt in die poetischen Lebens- und Weltentwürfe der Romantik ein und lässt sie brüchig und unwahrhaftig erscheinen. Die neue, nachrevolutionäre Zeit verlangt nach einem neuen Stil. Die alten, vertrauten Stilmuster, banalisiert und ironisiert, gleiten zusehends ins Komische. Der poetische Zauber verkommt zum artistischen Trick, die kreative Intuition zum beliebig wiederholbaren Schema. Romantische

Liebes- und Schlossherrlichkeit sind komisch verkehrt in der erotischen Begegnung des Mannes mit drei leidenschaftlichen Schlossfräulein

> Da droben auf jenem Berge,
> Da steht ein feines Schloß
> Da wohnen drei schöne Fräulein,
> Von denen ich Liebe genoß.
>
> Sonnabend küsste mich Jette,
> Und Sonntag die Julia,
> Und Montag die Kunigunde,
> Die hat mich erdrückt beinah.

Dem Ich kommt die poetisch heitere Vergangenheit wie ein Kinderspiel vor, wo man in wechselnde Rollen schlüpfte und sich ein eigenes Ambiente erschuf. Doch die Zeit des schöpferischen Umgangs mit der Welt ist unwiederbringlich versunken.

> Vorbei sind die Kinderspiele
> Und Alles rollt vorbei. –
> Das Geld und die Welt und die Zeiten,
> Und Glauben und Lieb' und Treu.

Melancholie ergreift den Dichter, der, aus dem Paradiese der Kindheit vertrieben, sich ernüchtert einer illusionslosen Alltagswelt ausgesetzt sieht. Grotesk komisch begegnen die Kastraten als Vertreter der zärtlichen, einfühlsamen Liebe, während der Dichter als allzu grob verwiesen wird. In der wiederholten Verkleinerungsform (»Stimmlein«) spiegelt sich die Impotenz der Sänger, die den vitalen Dichter verdrängen und in einer blassen, kraftlosen Gesellschaft den Ton angeben.

> Sie sangen von Liebessehnen,
> Von Liebe und Liebesgenuß.
> Die Damen schwammen in Tränen
> Bei solchem Kunstgenuß.

In dem Maße, wie der romantische Zauber verblasst, tritt die Schäbigkeit der Welt nur umso deutlicher ins Blickfeld. Heines frühe Lyrik desillusioniert die alten Ausdrucksmuster und porträtiert eine unpoetische Wirklichkeit, von der keine Impulse mehr ausgehen. Zugleich aber fordert gerade der enttäuschende Zustand der Gesellschaft neue Aufbrüche heraus. Die Literatur der Zukunft, die ihre Kinderunschuld längst verloren hat, kann nicht länger verklären und poetisieren, sondern muss sich der Wirklichkeit stellen. Aus dem Unzureichenden gilt es, auf das, was im Sinne des Menschen sein sollte, zu verweisen. Vor allem aber muss es darum gehen, der Literatur neue Ausdrucksbereiche zu erschließen und dabei aus dem Kreisen um die eigene Innerlichkeit herauszutreten.

Unglückliche Liebe bringt dem unglücklich Liebenden wie in der Ballade *Die Wallfahrt nach Kevlaar*, die die *Heimkehr* abschließt, am Ende selbst den Tod. Literatur aber sollte vornehmlich ein Bekenntnis zum Leben sein. Daher gilt es, die romantische Morbidität zu überwinden, das Spiel mit dem Tod und dessen Verklärung. In diesem Sinne ist das Finale im *Buch der Lieder* mit den Gedichten aus der *Harzreise* und den beiden Nordseezyklen vor allem ein Neuanfang.

Überwogen bisher die elegischen Töne und die komisch ironischen Brechungen und mit ihnen die Widersprüche zwischen dem Subjekt und seiner Welt, so schlägt sich in den Reisebildern ein vitales Einvernehmen mit dem sinnlich Erfahrenen nieder. Nicht mehr ausschließlich dem Drinnen, sondern dem Draußen wendet sich das Subjekt zu und zieht aus ihm neue Kraft.

Der Einzelne ist nicht länger der Erleidende, sondern der Erlebende, nicht der Geist, der verneint, sondern der die ganze Welt bejahende Mensch.

Herzen in der Brust, und Liebe,
Warme Liebe in den Herzen –
Ach, mich tötet ihr Gesinge
Von erlog'nen Liebesschmerzen.

Berggipfel im Harz. Öl auf Papier von Carl Blechen, 1833

Auf die Berge will ich steigen,
Wo die frommen Hütten stehen,
Wo die Brust sich frei erschließet
Und die freien Lüfte wehen.

Nur die Natur verspricht Heilung von der zermürbenden Innenschau, von der ständigen Selbstinszenierung des Gefühls. Hoch oben in der freien Bergluft sind die Niederungen längst durchschritten und überwunden. Doch ist es nicht länger die Natur der Romantiker mit ihren transzendierenden Verweisen, sondern die Natur, wie sie sich den offenen Sinnen erschließt, eine Natur, die im unverstellten Erleben zu ihrem Recht kommt, wo der Einzelne sich selbst als ein Teil von ihr begreift. Hoch oben auf dem Brocken geht der klare Blick in die Weite. Alles Beengende ist vergessen.

Heller wird es schon im Osten
Durch der Sonne kleines Glimmen
Weit und breit die Bergesgipfel
In dem Nebelmeere schwimmen.

Dem in die Ferne gerichteten Blick erschließt sich ein Panorama von grenzenloser Freiheit und Vielfalt. Hier löst sich alles Bedrückende auf, und das Herz weitet sich wieder mit der Sicht, die nirgendwo an Grenzen stößt. Überhaupt ist es die andere Wahrnehmungsweise, die nach außen gerichtete Blickführung, die das Gefühl der Befreiung erweckt. Nur wer von sich selbst absieht, wird sich in der unendlichen Weite der Natur schließlich wieder entdecken. Heines frühe Reisegedichte sind eine Hommage an die Landschaft, in der der Mensch aufgehoben ist.

Prinzessin Ilse, unsterbliche Verkörperung des gleichnamigen Flusses und der nie versiegenden Heilkräfte der Natur, nimmt sich des Einzelnen an und befreit ihn von seinen Sorgen.

Ich bin die Prinzessin Ilse
Und wohne im Ilsenstein,
Komm mit nach meinem Schlosse,
Wir wollen selig sein.

Dein Haupt will ich benetzen
Mit meiner klaren Well'
Du sollst deine Schmerzen vergessen,
Du sorgenkranker Gesell'!

In den Armen der Natur lösen sich alle Sorgen und Schmerzen auf. Eingetaucht in den Wellen, schwingt

Der Ilsenstein im Harz.
Kolorierte Aquatinta von
A. Schulz

der Einzelne im Rhythmus des Lebens selbst, das weder Stillstand noch Ende kennt.

Neben das Gebirge tritt in den Nordseezyklen das Meer. Auch hier begegnet dem erlebenden Ich eine urwüchsige Naturlandschaft. Das Aufragende dort verbindet sich mit dem sich Ausdehnenden hier zu einem beeindruckenden Gesamtbild. Am Meer, im Wechsel der Gezeiten, wird der Mensch des Werdens und Vergehens des eigenen Lebens inne; der Dialektik seines endlichen Daseins, das er der trostlosen Unendlichkeit der ewigen Götter vorzieht.

Ich aber, der Mensch,
Der niedrig gepflanzte, der Tod beglückte,
Ich klage nicht länger.

Glück heißt, das Naturgesetz zu bejahen, Ebbe und Flut, Tod und Leben als Pulsschläge des einen vitalen Daseins zu begreifen. Wie der Blick hoch vom Berg so hat auch das Erlebnis der Meerlandschaft eine reinigende und befreiende Wirkung.

Und die Schellenkappe der Torheit,
Die so lange mein Haupt umklingelt,
Und die, gleißende Schlangenhaut
Der Heuchelei,
Die mir so lang die Seele umwunden,
Die kranke Seele,
Die gottverlangende, engelverleugnende,
Unselige Seele –
Hoiho! Hoiho! Da kommt der Wind!
Die Segel auf! Sie flattern und schwellen!
Über die still verderbliche Fläche
Eilet das Schiff,
Und es jauchzt die befreite Seele.

Die Poesie des Meeres befreit auch das Gedicht von allen strophischen Zwängen und den Zwängen des Reims. Die Verse schwingen in einem natürlichen Rhythmus. Im Wechsel der längeren und kürzeren

Marine. Öl auf Leinwand von Jules Dupré, 1870

Zeilen spiegelt sich das Spiel der Gezeiten. Das Meer wird zum Sinnbild einer grenzenlosen Freiheit, eines Aufbruchs aus erdrückender Enge. Erinnerungen werden wach bei seinem Anblick an eine fast vergessene Heimat, an die Urheimat des Menschen, aus der er stammt und in die es ihn zurückverlangt. »Sei mir gegrüßt, du ewiges Meer! Wie Sprache der Heimat rauscht mir dein Wasser.«

Auch in den Reisegedichten klingt Heines großes Thema an, die Freiheit des frei geborenen Menschen, für den das aufragende Gebirge und das weit sich dehnende Meer Vermächtnis, Herausforderung und Bestimmung sind. Zusammen mit den vielfach gebrochenen romantischen Ausdrucksmustern lässt Heine eine poetisch verklärte Vergangenheit zurück. Die Traumbilder weichen der Schilderung erlebten Lebens. Nur hier, nicht in den Klagen und Illusionen, vermag sich der Einzelne wiederzuentdecken und einer wirklichen Zukunft den Weg zu bereiten. Das *Buch der Lieder* ist ein Abgesang auf die Romantik und zugleich das Vorspiel zu einer Dichtung, in der sich Phantasie und Wirklichkeit zu einer lebendigen Einheit verbinden.

Bereits vier Jahre früher hatte Heine seine beiden Tragödien *Almansor* und *William Ratcliff* vorgelegt. Zentrales Thema ist in beiden Stücken eine tragische Liebesgeschichte. *Almansor* spielt in Granada zur Zeit der Auseinandersetzung zwischen den Mauren und den Spaniern. Almansor und Suleima sind füreinander bestimmt, werden aber voneinander geschieden, als die Geliebte den christlichen Glauben annimmt. Als Almansor sie nach Jahren wiedersieht, ist sie im Begriff, einen Christen zu heiraten. Die alte Liebe flammt wieder auf, und da alle Wege zur Erfüllung versperrt sind, suchen die Liebenden ihre Erlösung in einem gemeinsamen Tod.

Lyrische Partien drängen sich immer wieder vor und verhindern eine echte tragische Konfliktspannung. Die Handlung ist konstruiert und die Dialoge sind im Grunde nur verkappte Selbstgespräche. Die einzige Aufführung am 20. August 1823 auf der Braunschweiger Bühne wurde unter tumultartigen Umständen ausgepfiffen.

Auch in seiner zweiten Tragödie *William Ratcliff* scheitert Heine als dramatischer Dichter. Im Stil der Schicksalstragödie sind William und Maria auf mystische Weise aneinander gekettet. Doch wiederum verhindern die Umstände eine glückliche Erfüllung. Am Ende ersticht William seine Geliebte und findet selbst den Tod. Das blutrünstige Finale lässt das Drama endgültig zu einem trivialen Schauerstück verkommen. Eine zunächst geplante Inszenierung fand nach dem Reinfall mit der *Almansor*-Tragödie nicht mehr statt. Die objektive dramatische Gestaltung entzog sich der vor allem lyrischen und essayistischen Begabung Heines.

Mit dem *Buch der Lieder* und den in vier Bänden zwischen 1826 und 1831 erschienenen *Reisebildern* etablierte sich Heine als erfolgreicher, wenn auch umstrittener Autor. Feuilletonistische Plauderei und aktuelle Tendenz verbinden sich hier zu einer subjektiven Auseinandersetzung mit Reiseeindrücken und Reiseerfahrungen. Dabei entstehen geistreich witzige Essays, deren Reiz gerade in der persönlichen Durchdringung des objektiv Erlebten liegt. Wie die lyrische so ist auch die essayistische Ausdruckshaltung adäquates Medium des sprachlich sich behauptenden Subjekts.

Der erste Teil aus dem Jahr 1826 enthielt zunächst die Lieder der *Heimkehr*, die *Harzreise* und die erste Abteilung der *Nordsee*. Die *Harzreise* verarbeitet die Eindrücke Heines auf einer Wanderung, zu der er 1824 von Göttingen aus aufbrach. Sie führte ihn über Clausthal und Goslar bis auf den Brocken. Pointiert kontrastieren unverstelltes Naturerleben und das bürgerliche Spießertum der Restaurationszeit. Göttingen wird zum satirischen Spiegel politischer Ignoranz und rationalistischer Weltfremdheit. Natur erscheint einseitig und

> Die Stadt Göttingen, berühmt durch ihre Würste und Universität, gehört dem Könige von Hannover und enthält 999 Feuerstellen, diverse Kirchen, eine Entbindungsanstalt, eine Sternwarte, einen Karzer, eine Bibliothek und einen Ratskeller, wo das Bier sehr gut ist.
>
> *Harzreise*

vordergründig ausschließlich unter dem Aspekt der Nützlichkeit und Verwertbarkeit. »Die Stadt selbst ist schön und gefällt einem am besten, wenn man sie mit dem Rücken ansieht.« »Im allgemeinen«, geht Heine auf die Menschen ein, »werden die Bewohner Göttingens eingeteilt in Studenten, Professoren, Philister und Vieh, welche vier Stände doch nichts weniger als streng geschieden sind. Der Viehstand ist der bedeutendste.« Ihnen gegenüber stehen die Bergarbeiter in Clausthal. Sie leben im Einklang mit der Natur. »So stillstehend ruhig auch das Leben dieser Leute erscheint, so ist es dennoch ein wahrhaftes, lebendiges Leben.« Überhaupt überwiegen in der Schilderung die scharfen Kontraste. Goslar ist »ein Nest mit meistens schmalen, labyrinthisch krummen Straßen, [...] verfallen und dumpfig«, und das Rathaus »ist eine weiß angestrichene Wachtstube.« Überall treten das Enge und Einschränkende hervor, getreues Abbild der geistigen Dumpfheit der Bewohner.

Auf der anderen Seite fühlt sich der Erlebende angezogen von der bezaubernden Flusslandschaft der Ilse. »Es ist der erste Mai und ich denke deiner du schöne Ilse – [...] Am liebsten aber möchte ich unten im Tale stehen und dich auffangen in meine Arme. Es ist ein schöner Tag »überall sehe ich die grüne Farbe, die Farbe der Hoffnung. Überall, wie holde Wunder, blühen hervor die Blumen, und auch mein Herz will wieder blühen.«

In der dumpfen Enge der restaurativen Geschichtssituation gewinnt das Erleben unverstellter Natur herausragende Bedeutung. Hier öffnen sich neue Perspektiven, die den Blick ins Weite und Freie lenken.

Freiheit von einschränkenden gesellschaftlichen Verhältnissen und Freiheit zur persönlichen Bestimmung des eigenen Lebens ist auch in den *Reisebildern* das wiederkehrende Thema. Die Ostfriesen, wie Heine sie auf Norderney kennen lernte, besitzen für ihn »ein Talent, das den Menschen adelt und über jene windige Dienstseelen erhebt, die allein edel zu sein wähnen, ich meine das Talent der Freiheit.« Nicht von ungefähr ist die Aristokratie in Ostfriesland niemals vorherrschend gewesen, umso betrübter ist man daher über den wachsenden Einfuß des hannoverschen Adels. »In diesem Lande Hannover sieht man nichts als Stammbäume, woran Pferde gebunden sind, und vor lauter Bäumen bleibt das Land obskur und trotz allen Pferden kommt es nicht weiter.«

Das leitmotivisch angeschlagene Freiheitsthema verbindet auch das Werk *Ideen. Das Buch Le Grand,* das sich in der zweiten Abteilung an den dritten Teil der *Nordsee* anschließt. Es geht um den persönlichen Aufbruch zur Selbstentfaltung. Deshalb ist die dargestellte Jugendgeschichte markant verbunden mit dem Napoleonthema. Reisen bedeutet für Heine, in der Begegnung mit dem andern sich selbst zu erfahren, aus einengenden Verhältnissen sowohl äußerlich als auch in-

> Denke ich an den großen Kaiser, so wird es in meinem
> Gedächtnisse wieder recht sommergrün und goldig, eine
> lange Lindenallee taucht blühend empor, auf den laubigen
> Zweigen sitzen singende Nachtigallen, der Wasserfall rauscht,
> auf runden Beeten stehen Blumen und bewegen traumhaft
> ihre schönen Häupter –
>
> *Ideen. Das Buch Le Grand*

nerlich hinaus ins Weite zu gehen. Im dritten und vierten Teil der *Reisebilder* stehen neben den *Englischen Fragmenten* in der abschließenden vierten Abteilung die Schilderungen der Italienreise im Vordergrund.

Über Tirol nähert sich Heine dem Land der deutschen Sehnsüchte, und auch hier begleiten ihn seine kulturgeschichtlichen Überlegungen über den Zustand der Freiheit unter den Menschen. In Brixen, so hat er gelesen, sollen die Jesuiten sein. Obwohl er keinen von ihnen entdeckt, ist es ihm Anlass genug, über sie und ihresgleichen zu räsonieren. »Ja, mich dünkt zuweilen, der Teufel, der Adel und die Jesuiten existieren nur so lange, als man an sie glaubt.« Doch je näher er an Italien heranrückt, desto mehr scheinen sich alle Schatten aufzulösen, und die Sonne setzt sich durch. »Im südlichen Tirol klärte sich das Wetter auf, die Sonne von Italien ließ schon ihre Nähe fühlen, die Berge wurden wärmer und glänzender, ich sah schon Weinreben [...].« Die Dialektik einengender gesellschaftlicher Verhältnisse unfreier, unverstellter Natur prägt auch hier das Strukturprofil der Reiseschilderungen aus. Angesichts des Schlachtfelds von Marengo, einem Vorort von Alessandria, stellt sich die Frage: »Was ist aber die große Aufgabe unserer Zeit?« In Erinnerung an den Sieg Napoleons über die Kräfte der Reaktion kann die Antwort nur lauten: »Es ist die Emanzipation. Nicht bloß die der Irländer, Griechen, Frankfurter Juden, westindischer Schwarzen und dergleichen gedrückter Völker Europas, sondern es ist die Emanzipation der ganzen Welt, absonderlich Europas, das mündig geworden ist und sich jetzt losreißt von dem eisernen Gängelbande der Bevorrechteten, der Aristokratie.«

In den *Bädern von Lucca*, ebenfalls im dritten Teil der *Reisebilder*, erscheinen der restaurative Geist und die Unterdrückung freiheitlicher Gesinnung in der Gestalt August von Platens personalisiert. Die Xenien Immermanns auf Platens artifizielle, gestelzte Ghaselen, Spottgedichte, die Heine in der *Nordsee* aufgenommen hatte, bewegten den verletzten Autor Platen zu einem Angriff auf Immermann und Heine in seinem Stück *Der romantische Ödipus*. Dort heißt es in gezielter Selbstüberschätzung aus dem Munde »Nimmermanns«:

Mein Heine! Sind wir beide nicht ein paar Genies?
Wer wagt zu stören, Süßer, uns den süßen Traum?

In den *Bädern von Lucca* schlug Heine zurück, pointierter und unerbittlicher als Platen, dem er nie begegnet ist, es vermocht hätte. Unverhüllt stellt er die feudalklerikalen Tendenzen des dichtenden Grafen heraus, dessen offenen Antisemitismus, der in Heine nichts anderes sehen wollte als den »getauften Juden«. »Mit Kyrie eleison und Hallelujah«, schreibt Heine, »werden seine Gedichte gepriesen in den Pfaffenblättern«, und in Anspielung auf Platens homoerotische Neigungen heißt es: »[...] und in der Tat, die heiligen Männer des Cölibats mußten erfreut sein über jene Gedichte, wodurch die Enthaltung vom weiblichen Geschlechte befördert wird.« Für Heine ist Platen alles andere als ein wirklicher Dichter. »Wenn ihm auch die Musen nicht hold sind, so hat er doch den Genius der Sprache in seiner Gewalt, oder vielmehr, er weiß ihm Gewalt anzutun.« Über die persönlichen Invektiven hinaus erscheint Platen in den Attacken Heines als abstoßend lächerlicher Vertreter des reaktionären Ungeists. Noch in seinem Umgang mit der Sprache sind die Spuren jener Gewalt erkennbar, die das Zeitalter der Bevormundung und Unterdrückung bestimmt. Im Prokrustesbett der Platenschen Verse spiegelt sich der vielfach eingeschnürte Mensch der Restaurationszeit.

Im Reisebild *Die Stadt Lucca* in der vierten Abteilung setzt Heine seine Reaktionskritik fort. Diesmal trifft er die unfreien Verhältnisse in der toskanischen Stadt. Kritisch herausgestellt wird ihr vorherrschender Klerikalismus, der die Menschen entmündigt und ihnen eine menschenwürdige Zukunft verstellt. Aber gerade der human unerträgliche Zustand muss über kurz oder lang eine Gegenbewegung herausfordern, weil er zutiefst naturwidrig ist. »›Nichts in der Welt will rückwärts gehen‹, sagte mir ein alter Eidechs, ›alles strebt vorwärts, und am Ende wird ein großes Naturavancement stattfinden. Die Steine werden Pflanzen, die Pflanzen werden Tiere, die Tiere werden Menschen, und die Menschen werden Götter werden.‹«

Die Metamorphosen der Freiheit gehören zu Heines favorisierten utopischen Vorstellungen. Literatur, die lyrischen wie die essayistischen Ausdrucksformen, reflektieren die in der Natur und im Menschen schlummernden Möglichkeiten und erwecken sie immer wieder neu. Auch die Kunst ist nicht rückwärts gewandt, sondern engagiert sich für die Zukunft der Menschen. Den alten Göttern aber und mit ihnen sicherlich auch allen, die sich wie die Fürsten das alleinige Sagen angemaßt haben, bleibt nur die Abdankung: »›Das wird sich finden, lieber Freund‹, antwortet jener, ›wahrscheinlich danken sie ab oder werden auf irgend eine ehrende Art in den Ruhestand versetzt‹.«

Da plötzlich keuchte heran ein bleicher, bluttriefender Jude, mit einer Dornenkrone auf dem Haupte und mit einem großen Holzkreuz auf der Schulter; und er warf das Kreuz auf den hohen Göttertisch, dass die goldnen Pokale zitterten und die Götter verstummten und erblichen und immer bleicher wurden, bis sie endlich ganz im Nebel zerrannen. Nun gab's eine traurige Zeit, und die Welt wurde grau und dunkel. Es gab keine glücklichen Götter mehr, der Olymp wurde ein Lazarett, wo geschundene, gebratene und gespießte Götter langweilig umherschlichen und ihre Wunden verbanden und triste Lieder sangen. Die Religion gewährte keine Freude mehr, sondern Trost; es war eine trübselige, blutrünstige Delinquentenreligion.

Italien.
Die Stadt Lucca

Eugène Delacroix: Die Freiheit führt das Volk, Öl auf Leinwand, 1830

Heine in Paris

Am 19. Mai 1831 traf Heine über Nancy und Châlons-sur-Marne kommend in Paris ein, wo er im Hôtel des Ambassadors Wohnung nahm. Hier, in der damals achthunderttausend Einwohner zählenden, nach London zweitgrößten Stadt der Erde, hoffte er, seine Kritik an der alten Welt offen vertreten zu können, hier, in der Metropole der Revolution, schien ihm der angemessene Platz für eine Abrechnung mit dem Absolutismus. »Meine Seele, die arme Sensitive, welche die Scheu vor vaterländischer Grobheit so sehr zusammengezogen hatte, erschloß sich wieder jenen schmeichlerischen Lauten der französischen Urbanität. Gott hat uns die Zunge gegeben, damit wir unseren Mitmenschen etwas Angenehmes sagen. Mit dem Französischen haperte es

»In zwanzig Minuten war ich in Paris und zog ein durch die Triumphpforte des Boulevard Saint-Denis.« Heine: Geständnisse, 1854

etwas bei meiner Ankunft; aber nach einer halbstündigen Unterredung mit einer kleinen Blumenhändlerin in der Passage de L'opera ward mein Französisch, das seit der Schlacht von Waterloo eingerostet war, wieder flüssig [...].« Ein Schwindel ergriff ihn im bunten, betriebsamen Pariser Leben.

Er besuchte die Bibliothèque Nationale und den Louvre mit den unermesslichen Schätzen, ließ sich in der Bibliothèque Royale die Manessische Liederhandschrift zeigen und flanierte durch den Jardin des Plantes. Im weltstädtischen Treiben schien die Enge, aus der er kam, endgültig überwunden. »Frankreich sieht aus wie ein Garten, wo man alle schönsten Blumen gepflückt, um sie zu einem Strauße zu verbinden, und dieser Strauß heißt Paris. Es ist wahr, er duftet jetzt nicht mehr so gewaltig wie nach jenen Blütentagen des Junius, als die Völker von diesem Dufte betäubt wurden. Er ist jedoch noch

Le Marché aux fleurs. Öl auf Leinwand von Giuseppe Canella, 1832

immer schön genug, um bräutlich zu prangen an dem Busen Europas, Paris ist nicht nur die Hauptstadt von Frankreich, sondern der ganzen zivilisierten Welt [...]« Begeistert schreibt Heine seine später in Buchform unter dem Titel *Französische Zustände* erschienenen Beiträge für die *Allgemeine Zeitung* in Deutschland, um dort die Leser aufzurütteln und in ihnen die Ideale der Revolution wach zu halten. Aus dem freiwillig gewählten Exil im Herzen Europas, dort, wo sich der nach Freiheit verlangende Mensch erhoben hatte, galt es, die Stimme zu erheben gegen die anhaltende Reaktion im deutschen Vaterland.

In Paris kam er auch in Kontakt mit dem Saint-Simonismus und dessen Führer Barthélemy Prosper Enfantin. Entschieden traten die Saint-Simonisten ein für einen konsequenten Sozialismus zur Lösung der sozialen Frage als ihrer eigentlichen Aufgabe. Sie vertraten eine werktätige Bruderliebe ohne Priester und Dogma. Heine nahm teil an der Versammlung im Januar 1832, als die Polizei zum ersten Mal einschritt gegen die Apostel des Sozialismus und der Weibergemeinschaft. Heine zeigte durchaus Verständnis für die neuen sozialistischen Lehren, wenn er auch deren sich allzu radikal gebärdenden Vertretern eher skeptisch gegenüberstand. Am Herzen aber lag auch ihm das materielle Wohlergehen des Volkes als selbstverständliche Folge des neuen Menschenbildes, wie es den Revolutionären

Barthélemy Prosper Enfantin als »Höchster Vater« der Saint-Simonistischen Kirche

Heine. Öl auf Leinwand
von Gottlieb Gassen,
1828

vorgeschwebt hatte. Nicht länger schien es ihm vertret-
bar, die Menschen religiös zu vertrösten, sondern sie
angesichts des ökonomischen und industriellen Fort-
schritts besser zu versorgen. Nicht anders als in
Deutschland ging es Heine in Frankreich um eine all-
umfassende Befreiung von Unterdrückung und Not.
»Die Emanzipation des Volkes«, schreibt er noch in
den *Geständnissen* (1854), »war
die große Aufgabe unseres Lebens, und wir haben dafür ge-
rungen und namenloses Elend
ertragen in der Heimat wie im
Exile.«

Der Schwur des Bürger-
königs Louis Philippe
1830. Öl auf Leinwand
von Ary Scheffer, 1830

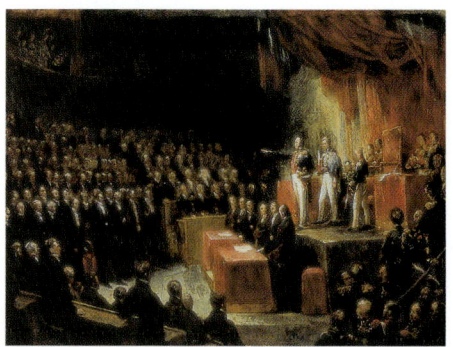

Heine erkannte allzu bald,
dass im nachrevolutionären
Frankreich nicht alles zum Besten stand. Der »Bürgerkönig«
Louis Philippe, den die Julirevolution auf den Thron geho-

ben hatte, wurde ausschließlich gestützt vom kapitalistischen Großbürgertum, dessen zentrale Doktrin das »Enrichissez-vous« des Ministers Guizot war. In der vorherrschenden Plutokratie wurde weder die soziale Frage gelöst noch die revolutionären Leitziele weiter verfolgt.

Bei den Anhängern des vertriebenen Königs wie bei den Republikanern sah sich Louis Philippe heftiger Ablehnung ausgesetzt. Zu Recht befürchtete Heine ein Erstarken der radikalen Jakobiner, zumal der König die Einlassungen der Liberalen, zu denen sich Heine auch selbst zählte, in den Wind schlug.

Misstrauisch verfolgten die radikalen Republikaner die publizistischen Aktivitäten Heines in der *Allgemeinen Zeitung* und forderten ihn zu einer klaren Stellungnahme für oder gegen sie heraus, was Heine aus Überzeugung und Klugheit unterließ. Insgeheim, und das war ihm vor allem wichtig, setzte er auf den nach seiner Ansicht unmittelbar bevorstehenden Ausbruch der Revolution in Deutschland. »Über lang oder kurz wird in Deutschland die Revolution beginnen«, schreibt er 1832 an Cotta, »sie ist da in der Idee, und die Deutschen haben nie eine Idee aufgegeben [...]« Hier sollte sich der utopische Visionär allerdings irren, auch mit Blick auf die politische Bewegung von 1848, die den Namen Revolution kaum verdiente.

Heine nahm von vornherein regen Anteil am kulturellen Leben in der französischen Metropole. Er lernte bedeutende Komponisten wie Hector Berlioz, Frédéric Chopin, Franz Liszt und Giacchino Rossini kennen. Private Kontakte verbanden ihn mit dem aus Berlin stammenden Opernkomponisten Giacomo Meyerbeer, der mit seiner 1831 an der Großen Oper in Paris uraufgeführten Oper *Robert le diable* sensationelles Aufsehen erregt hatte. Heine wohnte der Uraufführung am 21. November bei. In Paris begegnete er auch Felix Mendelssohn-Bartholdy wieder.

Heine gewann schnell Zugang zu der vornehmen, an geistigem Austausch interessierten Gesellschaft. Persönlich bekannt wurde er mit Honoré de Balzac,

Das Volk hat sich seine Leute genau betrachtet und weiß sehr gut, daß die Partei des Königs aus folgenden drei Klassen besteht: nämlich aus Handels- und Besitzleuten, welche für ihre Buden und Güter besorgt sind, aus Kampfmüden, welche überhaupt Ruhe haben möchten, und aus Bangherzigen, welche die Herrschaft des Schreckens befürchten.
Französische Zustände. Tagesberichte aus der Normandie

Giacomo Meyerbeer (1791–1864)

Alexandre Dumas d. Ä., Victor Hugo, Gérard de Nerval
und George Sand, die engagiert für die Rechte der Frau
und die Lösung der sozialen Frage eintrat. In der Buch-
handlung Heideloff und Campe, ein Treffpunkt der
deutschen Intellektuellen in Paris, machte er die Bekanntschaft mit Alexander von Humboldt. Begeistert
genoss Heine das breite geistige Spektrum, die liberal
kritische, von keiner spießigen Pedanterie und keiner
Zensur eingeschränkte, sich selbstbewusst äußernde
weltstädtische Mentalität. Hier, wenn überhaupt,
konnte eine liberale Zukunft des Menschen Gestalt gewinnen und Vorbild sein für Europa.

In seinem Beitrag *Französische Maler* anlässlich einer
Gemäldeausstellung in Paris 1831, wo auch die Revolu-
tionsbilder von Eugène Delacroix gezeigt wurden,
spricht Heine im Rückblick auf die Julirevolution »von
dem Uradel der Menschen, der nie ganz zerstört werden kann«, und fährt dann euphorisch fort: »Die Götter im Himmel, die dem großen Kampfe zusahen,
jauchzten vor Bewunderung, und sie wären gerne auf-
gestanden von ihren goldenen Stühlen und wären gern
zur Erde herabgestiegen, um Bürger zu werden von
Paris!«

Louvre heute. Französi-
sches Nationalmuseum
in Paris

Im August 1831 ergriff Heine seine alte Sehnsucht
nach dem Meer. Ziel war Boulogne-sur-Mer am Pas de
Calais, wo er bis September die Freuden des Seebads
genoss und im dortigen Überseehafen mit Auswande-

rern zusammentraf. Nach seiner Rückkehr begegnete
er mehrmals Ludwig Börne, der ebenfalls in Paris für
die liberale Sache eintrat. Aber die Spannungen zwischen beiden nahmen unübersehbar zu. Börne hielt
Heine insgeheim für einen Verräter der liberalen
Ideen, während Heine in Börne nicht mehr als einen

Le boulevard du Temple,
1862

verrückten Radikalen sah. Radikalismus in jeder Form
war ihm zuwider. Hinzu kam, dass Börne kaum Sinn
entwickelte für Poesie und Kunst. Allzu unterschied-
lich, musste das persönliche Verhältnis schließlich
Schaden nehmen. Immer wieder setzte Börne Heines
Arbeiten in bissigen Besprechungen und gehässigen
Urteilen herab, während Heine sich zunächst noch
zurückhielt. Die Beziehung zwischen beiden aber war
irreparabel zerstört. Die schriftstellerischen Aktionen
Heines galten in dieser Zeit vor allem der Beitragsserie
Französische Zustände, die in der *Allgemeinen Zeitung*
fortlaufend erschien und deren Buchveröffentlichung
Heine vorbereitete.

Französische Zustände.
Einband 1833

Französische Zustände

In Deutschland zeigte man sich ausgesprochen inter-
essiert an den authentischen Schilderungen der Zustände im Herzland der europäischen Revolution. Niemand erschien kompetenter als Heine, seinen Lands-
leuten ein Bild zu vermitteln von den Auswirkungen
der neuen liberalen Bewegungen im öffentlichen Leben. Auffällig ist der Wandel des essayistischen Sujets.
Standen in den *Reisebildern* noch die regionalen

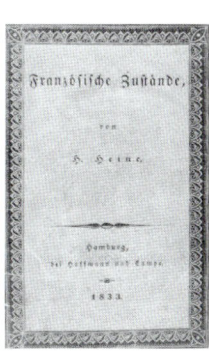

Aspekte im Vordergrund, die den Rahmen für kulturgeschichtliche Erörterungen bildeten, so geht es nun
um eine pointiertere Einbeziehung der aktuellen politisch-gesellschaftlichen Lage. An die Stelle des Reise-
bilds tritt das gesellschaftskritische Feuilleton, mit dem
Heine sein essayistisches Spektrum charakteristisch
ausweitet. Gedichte entstehen in dieser Zeit nur ver-

einzelt. Allzu sehr fühlt
sich Heine involviert in
die aktuellen politischen
Ereignisse, die seine
ganze Aufmerksamkeit
beanspruchen.

Im Sommer 1832 rei-
ste Heine in die Norman-
die. In Le Havre begeg-
nete er erneut deutschen
Auswanderern. Von dort
ging die Reise weiter

Die Klippen von Le Pollet
in Dieppe, Gemälde von
Eugène Boudin

nach Dieppe, wo er Heilbäder nahm, und nach Rouen.
Er besichtigte die Burg, in der der normannische Herzog Robert der Teufel gehaust hatte, der Held in Mey-
erbeers gleichnamiger Oper, und verweist auf die hel-
dische Jungfrau Johanna, die auf dem Marktplatz Rou-
ens den Feuertod erlitt. Aber der eine oder andere Rei-
seeindruck tritt in den Berichten aus der Normandie
deutlich hinter die politischen Überlegungen zurück.
Offenbar war für Heine ein wesentliches Ziel seiner

Das Schloss des legen-
dären Roberts des Teu-
fels

Reise, ein Bild von der Gesellschaft in der Provinz zu entwerfen. Das Ergebnis ist heterogen.

Während die Großgrundbesitzer weiter dem vertriebenen König anhängen, steht die reiche Bourgeoisie auf der Seite Louis Philippes. Enttäuscht sind die unteren Volksschichten, die der Kaiserzeit hinterher trauern, wo der geringste Bauernsohn in höchste Stellen aufsteigen konnte. »In gewisser Hinsicht war Napoleon ein Saint-Simonistischer Kaiser«, schreibt Heine, der »die physische und moralische Wohlfahrt der zahlreichern und ärmeren Klassen« beförderte. Mit großer Betroffenheit, so stellte Heine bei den Bonapartisten fest, reagierte man auf den Tod Napoleons II. am 22. Juli 1832 in Schönbrunn, des einzigen legitimen Sohns Napoleons.

Heines Begeisterung für den Revolutionskaiser ist inzwischen distanzierter und kritischer geworden. Mit seinem »Martyrtod« auf St. Helena büßte Napoleon »für den schlimmsten seiner Irrtümer, für die Treulosigkeit, die er gegen die Revolution, seine Mutter, begangen.«

Wie alle Potentaten, das muss auch Heine einsehen, ist selbst der Kaiser, den die Revolution an die Macht gebracht hatte, eben den Verführungen dieser Macht erlegen. Macht und Menschlichkeit scheinen sich auszuschließen.

Die knappen Situationsbilder aus der Normandie fügte Heine den *Französischen Zuständen* ein, die Ende 1832 mit der Jahreszahl 1833 in Buchform bei Campe vorlagen. Vorausgegangen waren Warnungen Metternichs an den Verleger, worauf Heine seine Zeitungsberichte einstellen musste. Empört zeigten sich die reaktionären Kräfte über die unverhohlene Kritik an der etablierten Regierung Louis Philippes mit ihren sozial ungerechten, einseitig plutokratischen Tendenzen. Heine war jedoch mit der Veröffentlichung überaus unzufrieden, weil man seine Vorrede hier äußerst verstümmelt hatte. In einem Brief wendet sich Heine an Campe mit der dringenden Ermahnung, die Vorrede unverändert nachzudrucken. »Eben weil es jetzt so

Clemens Lothar Wenzel Fürst Metternich (1733–1859)

Eine Handvoll Junker, die nichts gelernt haben als ein bißchen Roßtäuscherei, Volteschlagen, Becherspiel oder sonstig plumpe Schelmenkünste, womit man höchstens nur Bauern auf Jahrmärkten übertölpeln kann: diese wähnen damit ein ganzes Volk bethören zu können, und zwar ein Volk, welches das Pulver erfunden hat und die Buchdruckerei und die »Kritik der reinen Vernunft«. Diese unverdiente Beleidigung, daß ihr uns für noch dümmer gehalten, als ihr selber seid, und euch einbildet, uns täuschen zu können, das ist die schlimmere Beleidigung, die ihr uns zugefügt in Gegenwart der umstehenden Völker.

Französische Zustände. Vorrede

schlecht geht mit der Sache des Liberalismus, [...]« In der Tat erschien im Juli 1833 parallel zur französischen Ausgabe *De la France* die originale Vorrede bei Heideloff und Campe in deutscher Fassung.

Gerade die Vorrede unterstreicht die Bedeutung von Heines Buch für Deutschland. Hier wird der deutsche Leser an die liberalen Ideen der Revolution erinnert und gleichzeitig auf die Fehlentwicklungen im Regime des Bürgerkönigs aufmerksam gemacht, der der liberalen Sache mehr schadet als nutzt. Heine nimmt kein Blatt vor den Mund. Offen klagt er die deutschen Fürsten des Wortbruchs an mit Blick auf die versprochene und nun nach dem Sieg über Napoleon doch verweigerte Verfassung. »Nie ist ein Volk von seinen Machthabern grausamer verhöhnt worden.« Aber die Machthaber sollten sich nicht in Sicherheit wiegen. Zwar ist Napoleon tot, doch im Untergrund werden die Kritiker nicht schweigen, sondern protestieren gegen Unterdrückung und Servilismus. »Verlaßt euch aber nicht auf Ohnmacht und Furcht von unserer Seite. Der verhüllte Mann der Zeit, der ebenso kühnen Herzens wie kundiger Zunge ist, und der das große Beschwörungswort weiß und es auszusprechen vermag, er steht vielleicht schon in eurer Nähe.« Gleich am Anfang seiner *Französischen Zustände* umreißt Heine seine Rolle als deutscher politischer Schriftsteller im französischen Exil. Kein anderer als er selbst ist der Mann kühnen Herzens und kundiger Zunge, der den Unterdrückern mit der Macht des Wortes entgegentritt.

Inzwischen hatte sich Heine in Paris etabliert. Er wohnte zunächst auf dem linken Seineufer bzw. im

Boulevard des Italiens. Lithographie um 1840

Zentrum, später in dem neuen Paris nördlich der Grand Boulevards. Wichtig war ihm bei seinen häufigen Umzügen die Nähe zum alten Zentrum, zum Theater und zu den Informationsbörsen. Ohne den ununterbrochenen Kontakt mit dem pulsierenden öffentlichen Leben waren seine schriftstellerischen Aktivitäten nicht denkbar. Heine fühlte sich wohl in der Rolle des Flaneurs in einer der lebendigsten Städte des alten Europa, im engsten Kontakt mit dem geschäftigen Treiben um den kleinen Mann auf der Straße. Sein Wohnstil war anspruchslos und bescheiden. In der Regel lebte er in drei bis vier Zimmern in den oberen Stockwerken oder in Hinterhäusern. Auf Dienstpersonal verzichtete er ganz. Heine führte ein vor allem öffentliches Leben. Entscheidend waren für ihn die Stätten der Begegnung, das Theater, der Konzertsaal, das Opernhaus, die Salons, Restaurants und Caféhäuser. Hier hatte er unmittelbare Berührung mit

Café-Restaurant des frères provençaux. Lithographie von Chapuy, 1846

den neuesten Ideen und Trends, hier, mitten in der kulturellen Szene, war er an der Quelle des geistigen und künstlerischen Lebens. Das Ende der Kunstperiode, von Heine immer wieder beschworen, kreierte auch eine neue Existenzweise des Künstlers und Intellektuellen. Nicht im poetischen Dachstübchen, im elfenbeinernen Turm, in abgeschirmter Innerlichkeit erfüllte sich sein Leben, sondern in intensiver Berührung mit dem Draußen, der Öffentlichkeit. Der Schriftsteller Heine bezog seinen Platz mitten unter den Menschen, dort, wo er wirken wollte, wo er erfahren konnte, was seinen Adressaten auf den Nägeln brannte. Dabei war es ihm wichtig, seine Leser mit allem Wissenswerten zu versorgen, denn nur der Wissende ist in der Lage, kompetent zu urteilen.

So wie er bemüht war, seine deutschen Leser über die Zustände in Frankreich zu informieren, so war es ihm darum zu tun, seine Beiträge zugleich auch den Franzosen zugänglich zu machen. Im Frühjahr 1833 erschien in der *L' Europe littéraire* in französischer Übersetzung *Zur Geschichte der neueren schönen Literatur in Deutschland*, die dann in der deutschen Fassung noch

L'Europe littéraire (aus Heines Privatbibliothek)

Das Meer erstrahlt im Sonnenschein.
Als ob es golden wär'.
Ihr Brüder, wenn ich sterbe,
Versenkt mich in das Meer.

Hab' immer das Meer so lieb gehabt,
Es hat mit sanfter Flut
So oft mein Herz gekühlet;
Wir waren einander gut.

Neuer Frühling. Verschiedene. Seraphine. Angelique

im gleichen Jahr von Heideloff und Campe vorgelegt wurde. Ihre Vollendung allerdings erhielt diese Schrift erst später in der *Romantischen Schule*. Für die *Französischen Zustände* wie für dieses neue Werk gilt, dass beide, der französische wie der deutsche Leser daraus Gewinn zu schöpfen vermochte. War es doch erhellend und anregend, die eigene gesellschaftliche Lage aus der Perspektive des Schriftstellers aus dem Ausland zu betrachten bzw. den Zustand der eigenen Literatur mit den Augen des Landsmanns im Exil zu sehen.

In Paris erreichte Heine seine Vollendung als freier Autor. Dabei setzte er seine Lebensgewohnheiten, wie er sie schon in Deutschland ausgebildet hatte, auch in der fremden Umgebung durchaus fort. Dies gilt vor allem für sein Reiseverhalten, das schon deutliche Züge des modernen Urlaubsreisenden zeigt. Besonders angezogen hat ihn immer wieder das Meer. So verlebte er den Sommer 1834 in Boulogne-sur-Mer und Dieppe, wo er wie gewohnt Heilbäder nahm. An den Historiker und Übersetzer

Dieppe, die Stadt mit dem schönen Licht

Théodore Toussent schreibt er aus Boulogne: »Depuis 10 Jours je suis ici, jouissant d'une parfaite solitude; car je suis entourré de la mer, de bois [...]« (Seit 10 Tagen bin ich hier und genieße die vollkommene Einsamkeit, denn ich bin umgeben vom Meer, vom Wald [...])

Heinrich Heine. Lithographie von Julius Giere, 1839

Mathilde

Nach seiner Rückkehr sollte er in Paris die persönlich entscheidende Begegnung seines Lebens machen. Auf seinen Spaziergängen, die ihn auch durch die Geschäftsstraßen führten, lernte er die schöne, junge Französin Crescentia Eugenie Mirat kennen. Mathilde, wie Heine sie bald nannte, damals 19 Jahre jung, ließ ihn in leidenschaftlicher Liebe entbrennen. Es ist Liebe auf den ersten Blick. Noch die Bilder vermitteln den Eindruck einer ungewöhnlich schönen jungen Frau mit ihrem reizenden Gesicht und dem kastanienbraunen Haar.

Als illegitime Tochter eines vornehmen Mannes, so wird vermutet, der sich jedoch nicht um das Kind kümmerte, war sie 1815 aus Vinot im Departement Seine-et-Marne nach Paris gekommen. Grund war vor allem das schlechte Verhältnis zu ihrer Mutter. Bei einer Tante, die ein Schuhgeschäft in einer Pariser Passage nahe dem Justizpalast besaß, fand sie Anstellung. Für Heine begann eine Zeit rauschhaften Lebensgenusses, den die lebensbejahende junge Frau bereitwillig mit ihm teilte. So erfüllt war Heine von seiner ersten wirklichen Liebe, dass die Arbeit vorübergehend ganz zum Erliegen kam.

Dem Schriftsteller August Lewald, dem er die Antwort auf dessen letzten Brief schuldig geblieben war, schreibt er: »Ich will Ihnen die ganze Wahrheit gestehen, ich habe ihn richtig erhalten, aber zu einer Periode, wo ich bis an den Hals in einer Liebesgeschichte saß, aus der ich mich noch nicht herausgezogen. Seit

Oktober hat nichts für mich die geringste Wichtigkeit, was nicht hierauf unmittelbar Beziehung hatte. Alles vernachlässige ich seitdem, niemand sehe ich, [...] denn die rosigen Wogen umbrausen mich noch immer so gewaltig, mein Hirn ist noch immer so sehr von wütendem Blumenduft betäubt [...]«

Aber das Zusammenleben verlief keineswegs störungsfrei. Aus dem erotischen Taumel erwacht, häuften sich die Meinungsverschiedenheiten und Streitereien mit der schönen, aber ungebildeten jungen Frau, seinem »Hausvesuv«, wie Heine sie nannte, die auch vor verletzenden Grobheiten nicht zurückschreckte. Versuche Heines, ihr die fehlende feinere Bildung nahe zu bringen, schlugen fehl und wurden von

Mathilde als nicht auszuhaltende Bevormundung ausgelegt. Ganz unerträglich fand er den unstillbaren Drang des immerhin fast zwanzig Jahre jüngeren

Mathilde Heine. Nach einem verschollenen Ölgemälde von Alexandre Laemlein

Mädchens, sich in das bunte Treiben der Weltstadt zu stürzen. Schon damals reagierte Heine empfindlich auf den Lärm und Trubel in der Metropole. »Das Haus, worin ich sitze und lese«, schreibt er in der *Romantischen Schule*, »liegt auf dem Boulevard Mont-Martre; und

Daß du mich liebst, das wußt' ich,
Ich hat es längst entdeckt;
Doch als du mir's gestanden
Hat es mich tief erschreckt.

Ich stieg wohl auf die Berge
Und jubelte und sang;
Ich ging ans Meer und weinte
Beim Sonnenuntergang.

Mein Herz ist wie die Sonne
So flammend anzusehn,
Und in ein Meer von Liebe
Versinkt es groß und schön.

Verschiedene. Seraphine

Pariser Stadtbild. Anony-
me Gouache von 1810

dort branden die wüstesten Wogen des Tages, dort
kreischen die lautesten Stimmen der modernen Zeit,
das lacht, das grollt, das trommelt [...]« Mehr noch als
der Lärm setzte ihm seine Eifersucht zu. Die schöne,
putzsüchtige Mathilde zog überall die Aufmerksamkeit auf sich und weckte das Begehren in den jungen
Männern, in denen der nicht mehr jugendliche Heine
ernsthafte Rivalen sah, zumal Mathilde begierig die
ihr von allen Seiten gespendeten Huldigungen entge-
gennahm und mit Gott und der Welt kokettierte. Die
Streitereien eskalierten. Mathilde fühlte sich bevor-
mundet und wies alle Ermahnungen zurück. Heine
ertrug das aufbrausende Temperament seiner Gelieb-

ten immer schlechter. Bereits Mitte 1835 kam es zu einer ernsten Krise.

Er kehrte Paris den Rücken und wohnte mehrere Wochen auf dem Schloss Jonquére bei St. Germain. Besitzerin des Schlosses war die schöne Prinzessin von Belgioso, eine italienische Emigrantin, mit der Heine befreundet war. Am 4. Juni 1835 schrieb er ihr einen ebenso knappen wie aufschlussreichen Brief: »J'ai oublié ma qualité de Dieu. J'ai compromis ma divinité, j'ai descendu dans la fange des passions humaines, et j'ai de la peine à me relever«. (»Ich habe meine göttliche Eigenschaft vergessen, meine Göttlichkeit kompromittiert und bin hinabgestiegen in den Sumpf menschlicher Leidenschaften und ich habe Mühe, mich herauszuziehen.«) Heine wähnt sich in der Lage des Tannhäusers, Opfer seiner sexuellen Leidenschaften, die ihn fesseln und erniedrigen und ihn abbringen von dem Weg zur geistigen Läuterung. Zum ersten Mal in seinem Leben fühlt er sich in die eigene, aufwühlende Sinnlichkeit verstrickt, auf die er erschreckt und abweisend reagiert, weil er fürchtet, sie könne ihn versklaven. In der Begegnung mit der platonisch verehrten Freundin hofft er, Trost und Heilung zu finden. »Dans mes grands ennuis, dans mes tourments insipides, je pense à vous, à votre sourir et à votre amitié.« (»In meinem großen Kummer, in meinen abgeschmackten Qualen, finde ich manchmal Erleichterung, wenn ich an Sie denke, an Ihr Lächeln, an Ihre Freundschaft.«)

Die Prinzessin von Belgioso. Bleistiftzeichnung, 1847

Heines Abreise aus Paris gleicht einer Flucht vor sich selbst, vor der Ganzheit seiner Existenz, deren sinnliche Seite er mit ganzer Leidenschaft erlebt hat, und die er doch nicht wahrhaben will. Aber der Prozess der Selbsterkenntnis ist unausweichlich. Heine erlebt ein wichtiges Stadium seiner späten persönlichen Reifung. Er wusste, dass seine Flucht keine Lösung war, dass nur er den Konflikt zu lösen vermochte, in den ihn seine Leidenschaft gestürzt hatte. Immerhin kam er in der Einsamkeit des Schlosses, wo ihm die Freundin mit großer Einfühlsamkeit begegnete, zur Ruhe.

Die Romantische Schule

Im Juli 1835 entschloss er sich, seinen Aufenthalt in Jonquére zu beenden, wohl wissend, dass sein Dasein hier nur eine Episode sein konnte und er sein Leben wieder selbst in die Hand nehmen musste. Einmal mehr entschied er sich für das Meer, das ihn schon oft beruhigt und angeregt hatte. In Boulogne-sur-Mer wandte er sich wieder seiner schriftstellerischen Arbeit zu, indem er letzte Hand anlegte an die *Romantische Schule*, die in endgültiger Fassung im November 1835 mit der Jahreszahl 1836 erschien. Heine schätzte gerade dieses Werk außerordentlich. Bereits anlässlich der Veröffentlichung der noch kürzeren Fassung im Jahre 1833 hatte er an Heinrich Laube geschrieben: »Es war nötig, nach Goethes Tod dem deutschen Publikum eine literarische Abrechnung zu überschicken. Fängt jetzt eine neue Literatur an, so ist dies Büchlein auch zugleich ihr Programm, und ich, mehr als jeder andere, mußte wohl dergleichen geben.« *Die romantische Schule*, eine gedrängte Darstellung der Entwicklung und der Tendenzen der deutschen Literatur, ist auch eine Antwort auf das Buch *De l'Allemagne* (1810) von Germaine de Staël, die die Romantik als einen Ausdruck modernen Denkens und

Madame de Staël
(1766–1817)

Dichtens verstand. Anders Heine. Für ihn ist die romantische Dichtung nichts anderes »als die Wiedererweckung der Poesie des Mittelalters« getragen von der christlichen Religion, die »durch die Lehre von der Verwerflichkeit aller irdischen Güter, von der auferlegten Hundedemut und Engelsgeduld die erprobteste Stütze des Despotismus geworden.«

Solche Haltung aber gilt es zu überwinden, denn auch Kunst und Literatur müssen zur Selbstbefreiung des Menschen beitragen. Diese Aufgabe erfüllen sie

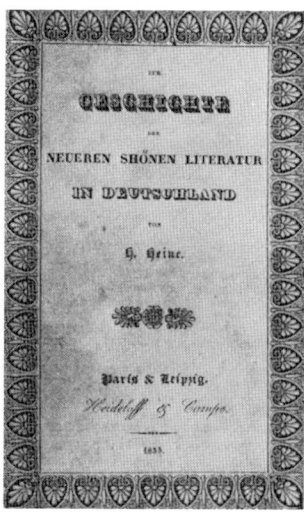

Heinrich Heine: Zur Geschichte der neueren schönen Literatur in Deutschland. Einband 1833

nur dann, wenn sie aus ihrer spirituellen Isolation heraustreten. Gotthold Ephraim Lessing erscheint Heine als »Stifter der neuern deutschen Originalliteratur. Alle Richtungen des Geistes, alle Seiten des Lebens verfolgte dieser Mann [...]. In all seinen Werken lebt dieselbe große soziale Ideen, dieselbe fortschreitende Humanität [...].« Dichtkunst muss den Bogen spannen zwischen Literatur und Geschichte, Kunst und Leben. Eine abgeschiedene Enklave der Poesie darf es nicht geben. Zwiespältig ist Heines Verhältnis zu Goethe. Uneingeschränkt würdigt er dessen überragendes Künstlertum und sein hellenistisches Streben nach einer ganzheitlichen Literatur, zugleich aber verweist er mit Blick auf Goethes Stellung am Hof in Weimar auf den Aristokratismus seines Kunstschaffens, auf die Selbsterhebung über alle, die wagten, eigene Wege zu gehen. Goethe ist in den Augen seiner Anhänger vor allem der führende Repräsentant der klassischen ästhetischen Kunstperiode. »[...] in der Kunst gibt es keine Zwecke, [...] und wie die Welt ewig dieselbe bleibt, [...] so müsse auch die Kunst von den zeitlichen Ansichten der Menschen unabhängig bleiben [...]« Wer aber so denkt, leugnet die Notwendigkeit der verändernden Kraft künstlerischen Gestaltens und schließt sich ein in ein ästhetisches Getto. »Freilich«, räumt Heine ein, »auch Goethe besang einige große Emanzipationsgeschichten, aber er besang sie als Artist.« Hier vor allem unterscheidet er sich von Schiller, der Geschichte und Kunst verbindet, mitbaut am »Tempel der Freiheit«, während Goethe sich im Grunde mit

»Kunstspielsachen« beschäftigte. Dies aber verbindet Goethe mit den Dichtern der romantischen Schule, die vor allem bestrebt waren, die Welt zu ästhetisieren, sie zu bevölkern mit den Gestalten ihrer poetischen Phantasie. Ludwig Tiecks Phantasie, schreibt Heine über den nach seiner Ansicht führenden Romantiker, »ist ein holdseliges Ritterfräulein, das im Zauberwald nach fabelhaften Tieren jagt, vielleicht gar nach dem seltenen Einhorn, das sich nur von einer reinen Jungfrau fangen läßt.«

Die Romantiker sind aus Heines Sicht entweder Mystiker oder Beschwörer. Während die einen sich wie Novalis in die Natur versenken und sich mit ihr identifizieren, rufen die anderen wie Hoffmann selbst die feindlichen Geister aus der Natur hervor. In beiden Fällen erscheint die Natur spiritualisiert. Stets aber bewegen sich die Dichter der romantischen Schule fort von der Wirklichkeit und der Geschichte und suchen Erfüllung jenseits dessen, was ist. Gerade dadurch gerät die romantische Dichtung in die Gefahr, eine Poesie der Vertröstung zu werden. Zur Gleichheit aber sind die Menschen nicht erst im Himmel berufen, sondern bereits auf der Erde. Die Romantiker jedoch drehen das Rad der Geschichte zurück und weisen aller Kunst die Aufgabe zu, über das bloß Endliche ins Unendliche zu verweisen. Hier vor allem sieht Heine Parallelen zur mittelalterlichen Geistigkeit. »Das deutsche Mittelalter liegt nicht vermodert im Grabe, es wird vielmehr manchmal von einem bösen Gespenste belebt und tritt am hellen, lichten Tage in unsere Mitte und saugt uns das rote Leben aus der Brust.«

Unsere Poesie, sagten die Herren Schlegel, ist alt, unsere Muse ist ein altes Weib mit Spinnrocken, unser Amor ist kein blonder Knabe, sondern ein verschrumpfter Zwerg mit grauen Haaren, unsere Gefühle sind abgewelkt, unsere Phantasie ist verdorrt: wir müssen uns erfrischen, wir müssen die verschütteten Quellen der naiven, einfältiglichen Poesie des Mittelalters wieder aufsuchen, da sprudelt uns entgegen der Trank der Verjüngung.

Die Romantische Schule. Erstes Buch

Heines Forderung, Literatur und Geschichte, Kunst und Leben zu verbinden, kommt einem didaktischen Wandel in der Einschätzung des Dichtens gleich. Das Ästhetische ist einzubinden in das Ethische. Zu fragen ist nach der Bedeutung für den Menschen. Eine wirklich moderne Literatur bewährt sich dort, wo das gestaltete Wort Einfluss nimmt auf die Umgestaltung gesellschaftlich-geschichtlicher Verhältnisse. Mit der Didaktisierung der Literatur wies Heine neue, bis in die Gegenwart führende Wege. Doch lange Zeit folgte man nicht ihm, sondern hob weiterhin das Ästhetische um seiner selbst willen hervor. Heines *Romantische Schule* gehörte lange zu seinen im Ausland am meisten gelesenen Büchern. Aus seiner Lektüre vor allem gewann man Einsichten in das Leseverhalten und die literarischen Erwartungen der Deutschen.

Der Kampf eines Autors
Noch während Heines Aufenthalt am Meer erfolgte der berüchtigte von Menzel vorangetriebene Bundestags-

> Dieses ist nun freilich verdrießlich für einen Mann (Wolfgang Menzel), der beständig auf Nationalität pocht, gegen alles Fremdländische unaufhörlich loszieht und unter lauter Teutomannen lebt, die ihn nur als einen nützlichen Verbündeten, jedoch keineswegs als einen reinen Stammgenossen betrachten. Wir aber sind altdeutsche Rassenmäkler, wir betrachten die ganze Menschheit als eine große Familie, deren Mitglieder ihren Wert nicht durch Hautfarbe und Knochenbau, sondern durch die Triebe ihrer Seele, durch ihre Handlungen offenbaren.
>
> *Salon III. Vorwort*

beschluss gegen das »Junge Deutschland«, zu dem man namentlich neben Heine u.a. Karl Gutzkow, Ludolf Wienbarg, Heinrich Laube, Theodor Mundt und Ludwig Börne zählte. Obwohl es sich um keine literarische Gruppe im engeren Sinne handelte, war den Genannten die Ablehnung des absolutistischen Staats und der orthodoxen Kirche sowie ein Engagement für Demokratie und Sozialismus gemeinsam. Die Vertreter galten als Feinde des ancien régime. Ihre Schriften waren laut Beschluss in Preußen verboten.

Kurz vor Weihnachten 1835 kehrte Heine nach Paris zurück. Hier versöhnte er sich mit Mathilde und nahm sie als seine Lebensgefährtin in seine Wohnung in der Cité Bergère auf. Seine anfänglichen Pläne, nach Versailles umzuziehen, gab er auf. Fortan zeigte sich Heine mit Mathilde auch in der Öffentlichkeit. Sie begleitete ihn ins Theater und in die Konzertsäle. Im Haus jedoch war sie nicht bereit, notwendige Aufgaben zu erfüllen. Hier nahm man vor allem die Dienste der Gesellschafterin Pauline in Anspruch. Das Verhältnis zwischen Heine und Mathilde blieb weiterhin gespannt, wenn es auch zu keinem offenen Bruch mehr kam. Belastend waren vor allem die kostspieligen äußeren Ansprüche Mathildes, die nicht bereit war, sich Entbehrungen aufzuerlegen. Zudem quälte den älter werdenden Heine weiterhin die Eifersucht, wenn er mit ansehen musste, wie mit der jungen, attraktiven Frau geflirtet und um ihre Gunst gebuhlt wurde.

Das Dilettanten-Quartett. Öl auf Leinwand von Friedrich Peter Hiddemann, 1865

Maskenball in der Pariser Oper. Anonymes Aquarell zwischen 1830 und 1840

In einer Gastwirtschaft ließ Heine sich dazu hinreißen, einen besonders aufdringlichen Studenten zu ohrfeigen. Nur mühsam konnte er daraufhin das drohende Duell abwenden. Ein anderes Mal richtete sich Heines aggressive Eifersucht gegen einen von Mathilde über alles geliebten Papagei, dem sie sich hingebungsvoll zuwandte. Als er es nicht mehr ertragen zu können glaubte, vergiftete er den Vogel, besorgte aber noch am gleichen Tag einen Nachfolger, als er sah, dass Mathilde untröstlich war und den Verlust nicht verschmerzen konnte. Mehr als einmal erwog er, sich von seiner Geliebten zu trennen, doch die Beziehung überstand bis zu seinem Tod alle Krisen und Konflikte.

Heines wirtschaftliche Situation entwickelte sich nach seiner Rückkehr nach Paris zusehends ungünstig. Der Bundestagsbeschluss, von Heine zunächst nicht sonderlich ernstgenommen, wirkte sich nachteilig auf den Absatz seiner Bücher aus, zumal man mit allem Nachdruck forderte, die Verbreitung der Schrif-

Und in der That, wenn es schon hinlänglich betrübsam ist, daß ich, ein Dichter Deutschlands, fern vom Vaterlande, im Exile leben muß: so wird gewiß jeden fühlenden Menschen doppelt schmerzen, daß ich jetzt noch obendrein meines litterarischen Vermögens beraubt werde, meines geringen Poetenvermögens, das mich in der Fremde gegen physisches Elend schützen konnte.

Salon III. Vorwort

Beschluss der Bundes-
versammlung über das
Verbot des «Jungen
Deutschland»

ten durch den Buchhandel und in den Leihbibliothe-
ken zu verhindern. Wohl auch unter dem Einfluss
Campes, der mehrmals den geschäftlichen Schaden be-
klagte, wandte sich Heine in einem Schreiben an die
Bundesversammlung, beteuerte seine lauteren Absich-
ten und zeigte sein Befremden darüber an, dass man
ihm, dem Angeschuldigten, vor seiner Verurteilung
nicht das Wort gegönnt habe. »So handelte nicht in
ähnlichen Fällen das Heilige Römische Reich, an dessen Stelle der Deutsche Bund getreten ist, Doktor Mar-
tin Luther, glorreichen Andenkens, durfte versehen mit
freiem Geleite vor dem Reichstage erscheinen und sich
frei und öffentlich gegen alle Anklagen verteidigen.«
Heine sieht sich also durchaus in der Nachfolge des
großen Bekenners. Wie dieser erhebt er seine Stimme
gegen bestimmte Missstände und reklamiert den Anspruch des Individuums auf freie Meinungsäußerung,
weil er anders nicht kann. Einen Erfolg seines Schrei-

bens hat er sicherlich selbst nicht erwartet. Immerhin war seine Kritik an dem persönliche Rechte missachtenden Vorgehen zwischen den Zeilen unüberhörbar.

Seine aufwendige Lebensführung, insbesondere seine ausgedehnten Aufenthalte in Seebädern, belasteten ihn inzwischen mit einer Schuldenlast von zwanzigtausend Franken. Darin einbezogen war zudem eine Bürgschaft, die er für einen Freund übernommen hatte. Es gelang ihm, Campe dazu zu bewegen, eine Gesamtausgabe seiner Schriften zu veranstalten und ihm dafür die Summe zur Tilgung seiner Schulden auszubezahlen. Die normalen Lebenskosten bestritt er mehr schlecht als recht mit dem Jahresgehalt von viertausend Franken, das ihm sein Onkel Salomon zahlte, und das dieser bei einer persönlichen Begegnung 1839 in Paris um 800 Franken erhöhte. Daneben bewarb sich Heine um eine Staatspension, die die französische Regierung vielen Ausländern zahlte, die sich um die Sache der Revolution in ihrem Heimatland verdient gemacht hatten und in Paris in wirtschaftlich bedürftigen Umständen lebten. Heine hatte Erfolg.

Bis zum Ausbruch der Februarrevolution am 24. 2. 1848 bezog er eine jährliche Zahlung aus den geheimen Regierungsfonds in Höhe von 4800 Franken. Das Geld brauchte er umso dringender, als er an Gelbsucht erkrankt war, die seine Arbeit erheblich behinderte und eine Erholungsreise nahe legte. Schon im Mai 1836 ist er auf dem Lande in Coudry im Departement Oise. »Seit gestern Mittag bin ich auf dem Lande und genieße den holdseligen Monat Mai [...]«, schreibt er an August Lewald. »Meine Mathilde sitzt neben mir

Ich habe die letzte Zeit in Paris sehr angenehm verlebt, und M[athilde] erheitert mir das Leben durch beständige Unbeständigkeit der Laune, nur höchst selten denke ich daran, mich nebst sie zu vergiften oder zu asphixiren [ersticken], wir werden uns wahrscheinlich auf eine andere Art ums Leben bringen, etwa durch eine Lektüre, bey der man vor Langeweile stirbt.

Brief an Lewald vom 3. Mai 1836

vor einem großen Kamin [...].« Über Boulogne süd-
westlich von Paris reiste er nun ohne Mathilde im September weiter nach Amiens und traf im Oktober in
Marseille ein. »Marseille ist Hamburg ins Französische
übersetzt und ich kann letzteres jetzt auch in der besten Übersetzung nicht vertragen.« In Marseille aber
überstand er endlich seine Erkrankung. »[...] es war
eine fürchterliche Gelbsucht, mit Cholera oder sonstig
fabelhaft scheußlicher Krankheit akkompagniert. Acht
Tage lang nicht gegessen noch geschlafen, sondern nur
Erbrechung und Krämpfe.« Über Aix-en-Provence
führte ihn sein Weg weiter nach Avignon, das ihm jedoch weitgehend missfiel. Im Brief an seinen Freund
Moses Moser heißt es: »Ich schreibe Dir diese Zeilen
aus Avignon, der ehemaligen Residenz der Päpste und

Heinrich Heine und seine
Frau Mathilde. Öl auf
Leinwand von Ernst
Benedikt Kietz, 1851

der Muse Petrarcas, ich liebe diesen eben so wenig wie
jene; ich hasse die christliche Lüge in der Poesie eben
so sehr wie im Leben.« Moser klagt er auch seine desolate finanzielle Situation. »In Deutschland darf ich
nichts drucken lassen als zahme Gedichte und un-
schuldige Märchen, [...] daß man ohne Anklage und
Urteil so zu sagen meine Feder konfisziert hat, ist eine
[...] plumpe Beraubung. Aber es ist diesen Leuten nur
gelungen, mich finanziell zu ruinieren.«

Nach einem gescheiterten Versuch, von Marseille nach Neapel überzusetzen, entschloss sich Heine, im November über Lyon nach Paris zurückzukehren. Seine schriftstellerischen Aktivitäten konzentrierten sich in dieser Zeit vor allem auf die Sammlung *Der Salon*, dessen erster Band bereits 1834 erschienen war. 1840 lag der abschließende vierte Band vor. Mit »Salon« bezeichnete man in Paris periodische Ausstellungen von Werken lebender Künstler im großen Saal des Louvre. Heine übertrug die Bezeichnung auf seine Sammlung prosaischer Bruchstücke, die weniger thematisch als von einer subjektiv essayistischen Betrachtungsweise zusammengehalten waren. Es ist ein moderner Perspektivismus, der hier Gestalt annimmt.

Erfahrenes und Erlebtes werden jeweils als spontane, authentische Begegnung wiedergegeben oder in fiktiver Einkleidung als Spiegel realer Verhältnisse durchschaubar gemacht. Vermischt wurden die weitaus dominierenden Prosabeiträge mit Gedichten, die später in der Sammlung *Neue Gedichte* Aufnahme fanden. Ausführlich dargestellt wird *Der Salon* auf den Seiten 121 bis 131.

Ab 1836 sah sich Heine in wachsende Anfeindungen und persönliche Auseinandersetzungen verwickelt. Als

Gemälde von Joseph Vernet, Marseille, Hafenansicht 1754

Kerner, Schwab und Uhland in Kerners Garten in Weinsberg

der Verleger des in Leipzig erscheinenden *Musenalmanachs* darauf drang, den Jahrgang 1837 mit einem Porträt Heines auszustatten, legte Gustav Schwab, der zusammen mit Adelbert von Chamisso den Almanach herausgab, seine redaktionelle Mitarbeit nieder und bewegte die Dichter der schwäbischen Schule dazu, keine Beiträge für diesen Jahrgang zu liefern. Anlass für dieses brüske Verhalten war Heines wenig günstige Darstellung der Schwaben in der *Romantischen Schule.* Heine reagierte prompt. In das *Tannhäuserlied* in den *Elementargeistern* fügte er die Strophen ein:

> Und als ich auf dem Sankt Gotthard stand,
> Da hört' ich Deutschland schnarchen,
> Es schlief da unten in sanfter Hut
> Von sechsunddreißig Monarchen.

> In Schwaben besah ich die Dichterschul',
> Doch tut's der Mühe nicht lohnen.
> Hast du den größten von ihnen besucht,
> Gern wirst du die kleinen verschonen.

Doch die Schwaben gaben nicht auf. Zu Anfang des Jahres 1838 veröffentlichte Gustav Pfizer in der *Deutschen Vierteljahrsschrift* ein Pasquill unter der Überschrift *Heines Schriften und Tendenz.* Die unmittelbare Antwort darauf war Heines *Schwabenspiegel* (1838). »Was ist das, die schwäbische Schule? Es ist noch nicht lange her, daß ich selber an mehrere reisende Schwaben diese Frage richtete und um Auskunft bat. Sie wollten lange nicht mit der Sprache heraus und lächelten sehr sonderbar, etwa wie die Apotheker lächeln, wenn frühmorgens am ersten April eine leichtgläubige Magd zu ihnen in den Laden kommt und für zwei Kreuzer Mückenhonig verlangt.« Fast gleichzeitig setzt sich Heine im Vorwort zum dritten Band des *Salons*, das aus Zensurgründen allerdings unter dem Titel *Über den Denunzianten* in einem Separatdruck erschien, auch mit Wolfgang Menzel auseinander, der im *Morgenblatt* gegen die Dichter des sogenannten Jungen

Deutschland zu Felde gezogen war. Heine vermag darin nichts anderes als eine Verleumdung, eine Denunziation zu sehen. Ironisch schreibt er: »Herr Menzel hatte sehr gut seine Zeit gewählt zur Denunziation jener großen Verschwörung, die unter dem Namen, ›das junge Deutschland‹ gegen Thron und Altar gerichtet

Wolfgang Menzel

ist und in dem Schreiber dieser Blätter ihr gefährlichstes Oberhaupt verehrt.« Auch das Verhältnis zu Karl Gutzkow, dem Mitstreiter des »Jungen Deutschland«, der Heine lange Zeit sehr geschätzt hatte, und in ihm den »deutschen Aristophanes« sah, verschlechterte sich. Ärgerlich für Heine war Gutzkows Brief vom 6. August 1838, in dem er ihm schwere Vorwürfe macht wegen der geplanten Veröffentlichung eines zweiten Gedichtbands.

Gutzkow, dem Campe Einsicht in das Manuskript ermöglicht hatte, war empört über die angebliche Unsittlichkeit der Lieder. Heine sah daraufhin zunächst von einer Veröffentlichung ab. Was Gutzkow zu seinem harschen Urteil bewegt hat, lässt sich nur vermuten. Wahrscheinlich war es der Schriftstellerneid auf den weitaus erfolgreicheren Autor im Pariser Exil, der zu den Stars im Campe-Verlag gehörte, und seinem Verleger gute Absätze trotz der politischen Schwierigkeiten garantierte.

Heine setzte auch in dieser Zeit seine Reisen fort. Wieder zog es ihn in Mathildes Begleitung ans Meer, diesmal nach Granville in der Normandie. »Seit drei Tagen bin ich hier«, lässt er Johann Hermann Detmold

Der Hafen von Granville bei Ebbe unter Le Roc

am 26. Mai 1837 wissen, »Hauptsache der Strand ist gut zum Baden.« Doch Mathilde, die es durchgesetzt hat, mitzureisen, statt bei ihrer Mutter auf dem Dorf zu bleiben, beunruhigt ihn sehr. »Aber diese Begleitung hat soviel Beschwerliches wegen der Wildheit der teuren Person, wodurch ich mich beständig ängstige.« Schon Anfang August brach er wieder auf nach Boulogne-sur-Mer und reiste von dort aus weiter nach Dieppe und Le Havre.

> Ich habe in Granville nur zwei Bäder genommen und freue mich sehr auf den Wellenschlag von Boulogne. Ich habe das Baden diesmal sehr nöthig; meine linke Hand magert täglich mehr und mehr ab und stirbt zusehens.
> *Brief an Detmold vom 19. Juli 1837*

In Briefen an seinen Bruder Maximilian beklagt er sich über seinen schlechten gesundheitlichen Zustand, über sein Dickwerden und seine notorischen Migränen. Die Badekuren erscheinen erfolglos. »Die Jugend ist dahin«, bekennt er seinem Bruder, »und nach großen Feldzügen hat man das Recht, müde zu sein.« Zudem plagt ihn die ewige Geldnot. Maximilian rät ihm, sich persönlich an Salomon zu wenden, der auf seinen Neffen wegen der andauernden schriftstellerischen Querelen und Skandale nicht gut zu sprechen war. Heine befolgte den brüderlichen Rat prompt, aber keineswegs unterwürfig, sondern selbstbewusst und des eigenen Wertgefühls gewiss.

»Aber sagen Sie mir, was ist der letzte Grund jenes Fluches, der auf allen Männern von großem Genius lastet: warum trifft der Blitz des Unglücks die hohen Geister, die Türme der Menschheit, am öftesten, während es die niedrigen Strohkopfdächer der Mittelmäßigkeit so liebreich verschont?« Heines Brief hat seine Wirkung auf den Onkel nicht verfehlt. Schon bald darauf war er bereit, die Jahrespension des Neffen zu erhöhen.

Ein dramatisches Augenleiden zwang Heine, Le Havre zu verlassen, um sich in Paris in Behandlung zu begeben. Campe teilte er am 15. September 1837 aus Paris mit: »Seit 8 Tagen habe ich Le Havre verlassen, beängstigt durch ein Augenübel, das sich fast stündlich vergrößerte. Hier angekommen, konnte ich mit dem rechten Auge gar nichts, und mit dem linken nur wenig sehen. Der beste hiesige Augenarzt, Sichel, hat mich aber soweit hergestellt, daß ich heute ausfahren und schreiben kann. Nur kann ich die Buchstaben noch nicht genau sehen.«

Im November erschien im Stuttgarter Verlag Miguel de Cervantes' Klassiker *Don Quixote* mit einer Einleitung von Heine. Mit der Summe von tausend Franken

Le Havre. Blick auf die Stadt

erhielt er ein äußerst ansehnliches Honorar. Der Ritter Dulcineas, der ihn seit seiner Jugend beschäftigte, wird ihm zum Spiegel seines eigenen Lebens. »Ach, ich habe seitdem erfahren, daß es eine ebenso undankbare Tollheit ist, wenn man die Zukunft allzu frühzeitig in die Gegenwart einführen will und bei solchem Ankampf gegen die schweren Interessen des Tages nur einen mageren Klepper, eine sehr morsche Rüstung und einen ebenso gebrechlichen Körper besitzt.«

Im Juni zog es Heine wieder nach Granville, wo er bisher gute Entspannung und Erholung gefunden hatte. Doch diesmal gestaltete sich der Aufenthalt weniger unterhaltsam und regenerierend, zumal ihm die Lektüre wegen des Zustands seiner Augen untersagt war. Und gerade diese Lektüre, gesteht er Rose Furlado, der Gattin eines Pariser Bankiers, ist stets seine »seule ressource«, seine einzige Quelle der allgemeinen Regeneration gewesen. Soweit es sein Augenleiden zuließ, arbeitete er an seiner Denkschrift über den am 12. Februar 1837 in Paris an der Schwindsucht verstorbenen Ludwig Börne.

Unterdessen schwelten die Meinungsverschiedenheiten mit Gutzkow weiter, dem sich Lewald scheinbar zugeneigt hatte. »Aber ehrlich gestanden«, schreibt Heine an Lewald, »ich mußte in der letzten Zeit manchmal die Achsel zucken über die Schwäche, womit Sie, aus sogenannten Rücksichten der Position, mit Menschen sich alliieren, die an jedem freundschaftlichen Verhältnisse wie Ratten nagen und

Karl Gutzkow

es vergiften.« »Und Sie, ein Menschenkenner«, fährt Heine fort, »Sie konnten sich verbinden mit einem (Gutzkow), dem gelben Neidwurm [...]«. Doch alle Anfeindungen konnten Heines Ansehen als Autor nicht herabsetzen. Stolz weist er Lewald darauf hin, dass seine *Reisebilder* bereits in die vierte Auflage gehen und dass sich die dritte Auflage der Gedichte »rasend« absetzt.

Im Februar 1840 schloss Heine sein Buch über den einstigen Kampfgefährten und jetzigen Intimfeind Börne ab. Die gnadenlose Abrechnung erschien nach einigem Zögern des Verlegers im August 1840. Kurz darauf reiste Heine mit Mathilde nach Granville, wo er sich nach all den Aufregungen und Auseinander-

Heines Denkschrift über Ludwig Börne (aus Heines Privatbibliothek)

setzungen schnell erholte und in vollkommener Harmonie mit Mathilde lebte. »Ich bade hier in idyllischer Ruhe [...]. Die Katze (Mathilde) befindet sich wohl, tanzt alle Abend, und erfreut sich und mich mit der besten Laune.«

Im September brach er zu einer Exkursion in die Bretagne auf, die ihn über Saint-Lô, der Hauptstadt des Departements Manche nach Granville zurückführte. Vom Erfolg seiner Schrift über Börne ist er unerschütterlich überzeugt. An Ferdinand Friedland, den Schwager Ferdinand Lasalles, schreibt er noch aus dem Seebad: »Das Buch wird seinen Weg in der Welt machen, aber diesmal wird mir mehr das Schimpfen der Feinde als der Lobgesang der Freunde als Annonce dienen.«

In der Tat löste das Buch einen Sturm wütender Entrüstung aus. Heine wurde mit Schmähungen überhäuft und des Verrats der liberalen Idee geziehen. Gutzkow attackierte Heine im *Telegraphen* in äußerst rüder Weise, indem er ihm vorwirft, sich in einer Art moralischer Auflösung zu befinden.

Ludwig Börne. Gemälde von Moritz Oppenheim

Heine behandelt zunächst sein noch ungetrübtes Verhältnis zu Börne in Deutschland, bevor er im 2. Buch in seinen *Briefen aus Helgoland* auf die französische Julirevolution eingeht und mögliche Konsequenzen für Deutschland erörtert. Erst beim neuerlichen Zusammentreffen mit Börne in Paris setzt er dann die biographische Darstellung fort.

In Paris treten die Unterschiede in der politischen Orientierung bald unversöhnlich zutage. Börne hatte sich angesichts des nachrevolutionären Absolutismus,

> Für Menschen, denen die Erde nichts mehr bietet, ward der
> Himmel erfunden [...]. Heil dieser Erfindung! Heil einer Reli-
> gion, die dem leidenden Menschengeschlecht in den bittern
> Kelch einige süße, einschläfernde Tropfen goß, geistiges
> Opium, einige Tropfen Liebe, Hoffnung und Glauben!
> *Ludwig Börne. Viertes Buch*

in einen radikalen Republikanismus hineingesteigert.
Die ideologische Kompromisslosigkeit bedingte einen
zunehmenden Realitätsverlust und führte zu einer
Überschätzung jeder Form literarischer Einflussnah-
me. Börne ist in den Augen Heines der abstrakte, spiri-
tualistische Fanatiker, ohne Sinn für den Genuss, die
Schönheit und die Kunst. Fanatischer Katholizismus
und fanatischer Republikanismus treffen sich dort, wo
die konkrete Sinnlichkeit des Lebens aus den Augen
geraten ist. »Es gilt, nur den gemeinschaftlichen Feind
zu bekämpfen, und in der Tat, die Verbindung der beiden Fanatismen, des religiösen und des politischen ist
bedrohlich im höchsten Grade.« Auf der Strecke bleibt,
wie bei jedem ideologischen Radikalismus der Mensch
mit seinem Verlangen nach einem ganzheitlichen Leben. Die Radikalkur der republikanischen Puritaner
ruft unweigerlich eine erschreckende humane Verarmung hervor. »Gelänge es ihnen auch, die leidende
Menschheit auf eine kurze Zeit von ihren wildesten
Qualen zu befreien, so geschähe es doch nur auf Kosten der letzten Spuren der Schönheit, die dem Patien-
ten bis jetzt geblieben sind; häßlich wie ein geheilter
Philister wird er aufstehen von seinem Krankenlager
und in der häßlichen Spitaltracht, in dem aschgrauen
Gleichheitskostüm, wird er sich all sein Lebtag herum-
schleppen müssen. Alle überlieferte Heiterkeit, alle
Süße, aller Blumenduft, alle Poesie wird aus dem Leben herausgepumpt werden [...].«
   Hellsichtig erkennt Heine die Konsequenzen aus
ideologischer Borniertheit. Wo Religion und Ideologie
absolut gesetzt werden und zum Dogma verkommen,
müssen notwendig der Mensch und das Menschliche
amputiert werden. Wo nur noch das scheinbar Nützli-

117

che herrscht, wird das Schöne unterdrückt und letztlich liquidiert. Öde Gleichmacherei lässt eine Gesellschaft Verkrüppelter entstehen. Nicht um eine spekulative Idee geht es, sondern um den Menschen.

Heines ausgleichende Haltung, die auch einen kontrollierten Royalismus nicht ausschloss, trug ihm in Börnes *Pariser Briefen* den Vorwurf der Charakterlosigkeit und eines amoralischen Ästhetentums ein. Diesem Vorwurf schlossen sich die radikalen Liberalen im Urteil über Heines Buch an. Es war ihnen wohl entgangen, dass Heine ja keine Invektive auf Börne schreiben wollte, sondern in Börne vor allem den Repräsentanten einer radikalen Ideologie sah, die den Menschen nicht reicher, sondern ärmer macht. Von makabrem Witz ist die Stelle, wo Heine von dem vielleicht selbstverschuldeten Tod Börnes spricht, der bereits, bevor der Arzt kam, »eine terroristische Selbstkur an sich vorgenommen und seinen ganzen Körper ruiniert hatte. Börne hatte früher etwas Medizin studiert und wusste von dieser Wissenschaft gerade so viel, als

Kirche Saint-Sulpice in Paris, kolorierter Stahlstich von Edward Finden, 1820

man eben braucht, um zu töten. In der Politik, womit er sich später abgab, waren seine Kenntnisse wahrlich nicht viel bedeutender.« Ideologen wie Börne sind eine Gefahr für sich selbst wie für andere. Bedenkenlos und ignorant, nur von ihren fixen Ideen getrieben, setzen sie ihr eigenes und das Leben anderer aufs Spiel.

Heines Börne-Buch ist eine stilistische Meisterleistung, vor allem aber eine Warnschrift, gerichtet gegen ideologisch verseuchte Radikale, eine Abrechnung mit den Quacksalbereien selbsternannter Wunderheiler und den mörderischen Umtrieben wahnsinniger Revolutionäre.

Die durch das Buch entfesselte Wut seiner Feinde brachte Heine selbst in Lebensgefahr. Unbesonnen, im Grunde entbehrlich, hatte er sich einige herabsetzende Äußerungen gegen Frau Wohl, die Freundin Börnes, geleistet, die inzwischen in Frankfurt die Ehe mit einem Herrn Salomon Straus eingegangen war. Straus, »die Blüte des Frankfurter Gettos«, wie Heine ihn ironisch tituliert, hatte daraufhin anonym einen gehässigen Artikel über den Autor des Börne-Buchs in der *Mainzer Zeitung* veröffentlicht und behauptet, er habe Heine auf der Straße in Paris öffentlich geohrfeigt. Heine dementierte entschieden, verlangte eine entschuldigende Richtigstellung und forderte, da sie unterblieb, Straus schließlich zum Duell auf Pistolen. Während Straus unverletzt blieb, trug Heine eine Verletzung davon. »Ich melde Ihnen in der Kürze den Abschluß der falschen Ohrfeigengeschichte«, schreibt er am 9. September 1840 an Campe. »Vorgestern um 7 Uhr hatte ich endlich die Genugtuung den Herrn Straus auf dem Terrain zu sehen [...]. Seine Kugel streifte meine Hüfte, die in diesem Augenblick noch sehr angeschwollen und kohlenschwarz« ist. Kurz vor dem Duell hatte Heine sich mit Mathilde in der Kirche Saint-Sulpice am rechten Seineufer trauen lassen. Seiner Schwester Charlotte schreibt er: »Den 31. August heiratete ich Mathilde Creszentia Mirat, eine hübsche junge Person, mit der ich mich schon länger als sechs Jahre tagtäglich zanke. Sie ist jedoch vom edelsten und reinsten Herzen, gut wie ein Engel [...].«

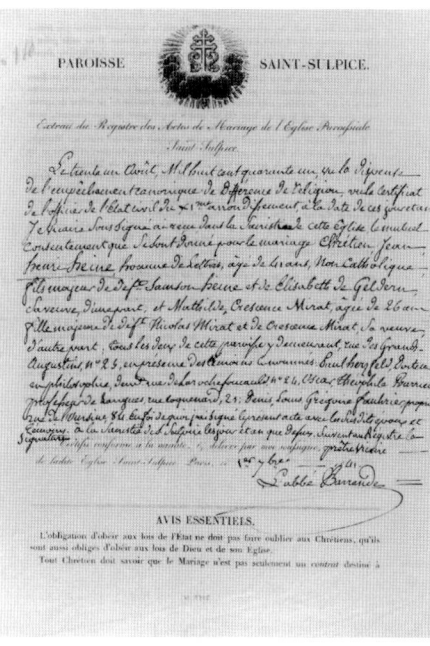

Beglaubigter Auszug aus dem Heiratsregister der Pariser Kirchengemeinde Saint-Sulpice

Heinrich Heine. Porträt
im Profil. Bronzerelief
1834

In Paris erreichte Heines essayistischer Stil seine Vollendung und seinen Höhepunkt. Die Spiegelung des
öffentlichen Lebens, des politisch-gesellschaftlichen
wie des weltanschaulich-kulturellen, schien zeitweise
seine lyrischen, im engeren Sinne poetischen Arbeiten
in den Hintergrund zu drängen. Im Grunde jedoch
sind der lyrische und der essayistische Stil verwandt.
Beide gehören zur Ausdrucksform monologischer Sub-
jektivität, die, ausgelöst durch die Begegnung mit dem,
was sie umgibt, auf das Wahrgenommene reagiert und
es verarbeitet.

Im Spiegel des kreativen Subjekts erscheint die Welt
in origineller Beleuchtung. Subjektive Perspektive und
sprachliche Objektivierung durchdringen sich. Dabei

[...] diese Ganzheit finden wir auch bei den Schriftstellern des heutigen Jungen Deutschlands, die ebenfalls keinen Unterschied machen wollen zwischen Leben und Schreiben,
die nimmermehr die Politik trennen von Wissenschaft, Kunst und Religion, und die zu
gleicher Zeit Künstler, Tribune und Apostel sind. Ja, ich wiederhole das Wort Apostel.
Denn ich weiß kein bezeichnenderes Wort. Ein neuer Glaube beseelt sie mit einer Leidenschaft, von welcher die Schriftsteller einer früheren Periode keine Ahnung hatten.

Die Romantische Schule

rückt im Gedicht mehr das Ich in den Vordergrund, während im Essay das Ich weniger ein souverän Agierendes als ein Reagierendes ist. Das essayistische Ich ist eine Art Reagenz, das sich mit dem behandelten Gegenstand verbindet und es so identifiziert.

Die lange zeitliche Spanne zwischen dem *Buch der Lieder* (1827) und der zweiten großen Gedichtsammlung *Neue Gedichte* (1844) hat ihren Grund vor allem darin, dass der freie Autor Heine in Paris von den auf ihn eindrängenden politischen und kulturellen Erfahrungen vor allem in Anspruch genommen war, Erfahrungen, die es in essayistischer Prosa zu bewältigen galt, bevor das Ich sich auszudrücken vermochte in der Souveränität der Poesie.

Heines bedeutendste essayistische Leistungen neben den *Französischen Zuständen*, der *Romantischen Schule* und der Denkschrift über Börne sind zusammengefasst in dem zwischen 1834 und 1840 in vier Bänden erschienenen *Salon*. Die in der Sammlung gelegentlich eingestreuten Gedichte haben noch mehr marginale Bedeutung und kommen erst in den *Neuen Gedichten* voll zur Geltung. Eindeutig liegt der Schwerpunkt auf der reflektierenden und räsonierenden Prosa.

Hier nimmt Heine sein Apostolat der Freiheit wahr, das ihm seit der Julirevolution umso deutlicher vor Augen steht. »Gottlob, die Revolution des Julius hat die Zungen gelöst«, schreibt er in der Vorrede zum ersten Teil des *Salons*, »die solange stumm geschienen; ja, da die plötzlich Erweckten alles, was sie bis dahin verschwiegen auf einmal offenbaren wollten [...]« Die deutschen Auswanderer, denen er in Frankreich begegnet, machen ihm klar, wie dringlich es ist, auch im Vaterland den Geist der Revolution zu erwecken und endlich das niederdrückende Joch adliger Willkürherrschaft abzuwerfen. »[...] der zehnte Teil von dem, was jene Leute in Deutschland erduldet haben, hätte in Frankreich sechsunddreißig Revolutionen hervorgebracht und sechsunddreißig Königen die Krone mitsamt dem Kopf gekostet.« Im *Salon* stellt Heine seine Feder entschieden in den Dienst politischer Aufklärung. Keine demagogische Verneblung betreibt er, vielmehr tritt er ein für eine gerechte Sache im Sinne der Menschen und der menschlichen Gesellschaft. Dazu gehört nicht zuletzt die freie Kunstausübung und das unvoreingenommene Urteil der Kunstbetrachter.

Französische Maler

Die einleitende Abhandlung *Französische Maler* anlässlich einer Gemäldeausstellung von 1831 stellt die Emanzipation der Kunst von geistlich klerikalen Zwecken heraus. Die überzeugendsten Maler bringen auf die Leinwand, was sie persönlich und ihre Zeitgenossen bewegt wie auf dem berühmten Gemälde *Die Freiheit führt das Volk* von Eugène Delacroix (s. S. 83). Heines Verständnis der Revolution schließt die schönen Künste selbstverständlich mit ein. Der wirklich befreite Mensch öffnet sich auch dem Schönen und weist ihm einen wichtigen Platz in seinem Leben an. Insofern ist

Auf keinem von allen Gemälden des Salons ist so sehr die Farbe eingeschlagen wie auf Delacroix' Julirevolution. Indessen eben diese Abwesenheit von Firnis und Schimmer, dabei der Pulverdampf und Staub, der die Figuren wie graues Spinnweb bedeckt, das sonnengetrocknete Kolorit, das gleichsam nach einem Wassertropfen lechzt, alles dieses gibt dem Bilde eine Wahrheit, eine Wesenheit, eine Ursprünglichkeit, und man ahnt darin die wirkliche Physiognomie der Julitage.
Der Salon I. Französische Maler

Les Trois Glorieuses ou La force a reconquis ses nobles couleurs aux trois mémorables journées de 1830. Öl auf Leinwand von Merry-Joseph Blondel, 1830

die Wahl des einleitenden Beitrags ein Bekenntnis zur
Einheit des Politischen und Ästhetischen, des Delec-
tare und Prodesse im Sinne antiker Vorstellungen.

Weniger homogen sind die *Memoiren des Herrn von
Schnabelewopski,* die den ersten Band des *Salons* abschließt. Die Geschichte des jungen polnischen Grafen, der über Hamburg und Amsterdam an die Universität in Leiden reist, ist voller
Einfälle und geistreicher
Kommentare, ohne dass sich
allerdings der Eindruck von
Geschlossenheit einstellen
will. Heine schwebt offenbar
ein pikarischer Roman im
Gefolge von Cervantes vor.
Am überzeugendsten wirkt
die Kritik an den Hamburger
Spießern. Ein kleines Kabi-
nettstück ist die nacherzählte

Treibendes Wrack

Sage vom *Fliegenden Holländer,* die in der Heineschen
Version Richard Wagner zu seiner Oper anregte. Deutlich wird jedoch, dass das Erzählgenre nicht zu Heines
Stärken gehört. Allzu sehr vom Subjektiven geleitet,
gelingt ihm auch hier die objektivierende Distanz
nicht, um das Erzählte zu einem Ganzen zu fügen.

Zur Geschichte der Religion und Philosophie in Deutschland

Den zweiten Teil des *Salons* beherrscht die Abhandlung *Zur Geschichte der Religion und Philosophie in
Deutschland,* die in französischer Sprache unter dem
Titel *De l'Allemagne depuis Luther* 1834 in der *Revue des
deux mondes* erschienen war. Auch hier versucht
Heine, das romantisierende Deutschlandbild der Madame de Staël zu korrigieren. Der Stil ist bewusst po-
pulär gehalten. Pointen und Anekdoten lockern den
komplexen Gegenstand auf. Heine schreibt kein akademisches Werk, sondern einen Essay, der aus persönlicher Sicht die Bewusstseinsgeschichte der Deutschen
abbildet und sie auffordert zu handeln, in dem Sinne,

Heinrich Heine. Titelbild
zu Der Salon. Hamburg.
Hoffmann und Campe
1834

Der Salon

von

H. Heine.

Erster Band.

Hamburg,
bei Hoffmann und Campe.
1834.

wie es vorbereitet und vorgedacht ist, denn »der Gedanke geht der Tat voraus wie der Blitz dem Donner. Der deutsche Donner ist freilich auch ein Deutscher und ist nicht sehr gelenkig und kommt etwas langsam herangerollt, aber kommen wird er, und wenn ihr es einst krachen hört, wie es noch niemals in der Weltgeschichte gekracht hat, so wisst: der deutsche Donner hat endlich sein Ziel erreicht.«

[…] und ich erinnere mich, daß sehr bedeutende französische Denker mir naiv gestanden, sie hätten immer geglaubt, die deutsche Philosophie sei ein gewisser mystischer Nebel, worin sich die Gottheit wie in einer heiligen Wolkenburg verborgen halte, und die deutschen Philosophen seien ekstatische Seher, die nur Frömmigkeit und Gottesfurcht atmeten. Es ist nicht meine Schuld, daß dieses nie der Fall gewesen, daß die deutsche Philosophie just das Gegenteil ist von dem, was wir bisher Frömmigkeit und Gottesfurcht nannten, und daß unsre modernsten Philosophen den vollständigen Atheismus als das letzte Wort unsrer deutschen Philosophie proklamierten.

Vermischte Schriften. Geständnisse

Unter dem Einfluss der Saint-Simonisten interpretiert Heine die Geschichte als eine kontinuierliche, vom Glauben an den Fortschritt und an die Bestimmung des Menschen zur Glückseligkeit geprägte Entwicklung. In der kritischen Abrechnung mit dem mittelalterlichen Christentum gewinnt der moderne Mensch Gestalt. Erfüllte Humanität setzt die Emanzipation von einem ebenso menschen- wie naturverachtenden Weltbild voraus, in dem alles Schöne und Sinnliche verteufelt erscheint. Wo alles auf das Transzendente ausgerichtet ist, muss das Irdische notwendig leiden. Erst dem Protestantismus gelang es, das asketische Mönchsideal abzulösen und die Vernunft als kritische Instanz in religiösen Fragen zu etablieren.

Ihm verpflichtet war vor allem der deutsche Idealismus mit seinem erklärten Ziel der Denkfreiheit. Im pantheistischen Glauben an die »heilige Materie« sieht Heine letztlich die Bedingung menschlicher Befreiung aus den Fesseln eines asketischen Wahns. Die neue hedonistische Haltung überwindet sowohl den spirituellen Idealismus wie den platten Materialismus. In einem ganzheitlichen Naturerleben sind das Sinnliche und das Schöne zur untrennbaren Einheit verschmolzen.

Auf der Erde liegt das Glück der Menschen, während die Orientierung am Himmlischen nur Chimären und Aberglauben hervorbringt. »In uns selbst liegen die Sterne unseres Glücks«, bekennt Heine noch in seinen *Memoiren*. Die Vergangenheit muss überwunden werden, damit die Gegenwart als neue Zukunft der Menschen Gestalt annehmen kann.

Nach Heines Urteil ist die Zeit reif für eine entscheidende Umwälzung. »Unsere philosophische Revolution ist beendigt. Hegel hat ihren großen Kreis geschlossen.« Unbeirrbar glaubt Heine an die Vorbereitung des revolutionären Umbruchs durch die Philosophie. Nach dem Kantischen Kritizismus, der Lehre Fichtes

Offener Brief vom 11. Oktober 1835 von Prosper Enfantin an Heinrich Heine

Georg Wilhelm Friedrich Hegel. Kupferstich von Sichling

von der schöpferisch ethischen Aktivität der Persönlichkeit und Schellings spekulativer Naturphilosophie, nach der sich Natur und Geist im Absoluten auflösen, ist Hegel der Vollender eines Denkens, das dem Menschen hier und jetzt seinen Platz anweist. Heine kämpft für die Gottesrechte des Menschen, während Gott in seinen wechselnden Erscheinungsbildern und Personifizierungen zu Grabe getragen wird. »Hört ihr das Glöckchen klingeln? Kniet nieder – Man bringt die Sakramente einem sterbenden Gotte.«

Florentinische Nächte / Elementargeister

Den dritten Teil des *Salons* (1837) leitet das Novellenfragment *Florentinische Nächte* ein. Maximilian erzählt seiner todkranken Geliebten Maria in zwei Nächten Selbsterlebtes. Seit seiner frühen Jugend ist Maximilian fasziniert von schönen gemalten und gemeißelten Frauen. Unauslöschlich ist ihm die Erinnerung an die Mamorstatue in einem verwilderten Schlossgarten, die er geküsst hat. In einer anderen Erzählung erinnert sich Maximilian an die Begegnung mit dem Opernkomponisten Vincenzo Bellini, den Heine bei der Gräfin Belgioso kennen gelernt hatte, der in der Gesellschaft eine eigentümliche morbide Atmosphäre um sich verbreitete. »Eine Leichenstille herrschte dann im ganzen Saale; Todesschreck malte sich auf allen Gesichtern, mit Kreidefarbe oder Zinnober [...]« Eine aufwühlende Trauer geht auch von der Musik Paganinis aus, ein elegischer Zauber, der die Zuhörer in seinen Bann schlägt. »Als Paganini aufs neue zu spielen begann, wurde es mir düster vor den Augen. Die Töne verwandelten sich nicht in helle Formen und Farben, die Gestalt des Meisters umhüllte sich vielmehr in finstere Schat-

Niccolò Paganini Anonyme Federzeichnung, London 1832

ten, aus deren Dunkel seine Musik mit den schneidendsten Jammertönen hervorklagte.« Die Kunst okkupiert das Leben und beschwört überall die düstere Nähe des Todes herauf.

Illustration zu den Florentinischen Nächten. Lithographie von Johann Peter Lyser

Das gilt zunächst auch für die Erzählung der zweiten Nacht um die Tänzerin Laurence, die man als Neugeborenes aus dem Grab ihrer scheintoten Mutter zur Welt gebracht hat. »[...] sie war so schlank, so jung, so schön, diese Lilie, die aus dem Grabe gewachsen, diese Tochter des Todes, dieses Gespenst mit dem Gesichte eines Engels und dem Leib einer Bajadere.« Anders aber als in der Erzählung der ersten Nacht scheint hier der Tod ins Leben einzumünden, indem das »Sterbebett« zur »Kindeswiege« wird. Die romantische Faszination durch den Tod, die im ersten Teil dominiert, schlägt unmerklich um in ein Bekenntnis zum Leben. Das Novellenfragment *Florentinische Nächte* ist der Versuch, auch in fiktiver Gestaltung die romantische Weltabgewandtheit zu überwinden. Unter dem Aspekt literarischer Qualität lässt sich jedoch das Gewollte und Konstruierte in der Motivbehandlung kaum übersehen.

Mit dem zweiten Stück *Elementargeister* im dritten Teil des *Salons,* kehrt Heine zur essayistischen Darstellung zurück. Heine lässt Gestalten des Volksglaubens wie Kobolde, Zwerge, Elfen, Nixen und den Teufel Revue passieren und erzählt die Sage oft ironisch gebro-

> Der Teufel ist ein Logiker. Er ist nicht bloß der Repräsentant
> der weltlichen Herrlichkeit, der Sinnenfreude, des Fleisches,
> er ist auch der Repräsentant der menschlichen Vernunft [...].
> Der Teufel glaubt nicht, er stützt sich nicht blindlings auf frem-
> de Autoritäten, er will vielmehr dem eignen Denken vertrauen,
> er macht Gebrauch von der Vernunft! Dieses ist nun freilich
> etwas Entsetzliches, und mit Recht hat die römisch-katholisch-
> apostolische Kirche das Selbstdenken als Teufelei verdammt
> und den Teufel, den Repräsentanten der Vernunft, für den
> Vater der Lüge erklärt.
>
> *Der Salon III. Elementargeister*

chen nach. In das phantastische Ensemble einbezogen
sind auch die alten antiken Götter. Sie alle stehen für
eine längst versunkene Welt, für eine Lustbarkeit, die
der christliche Glaube verdrängt hat. In der Nacht, im
Unterbewusstsein fristen sie ihr Dasein und lassen etwas ahnen von ihrer einstigen elementaren Lebensfreude. »All diese Lust, all dieses frohe Gelächter ist

Nahade. Öl auf Lein-
wand. Das Bild ist eine
Variante des Pastells
Undine, das im Salon
von 1896 ausgestellt
wurde

längst verschollen, und in den Ruinen der alten Tempel wohnen nach der Meinung des Volkes noch immer
die altgriechischen Gottheiten, aber sie haben durch
den Sieg Christi all ihre Macht verloren, sie sind arge
Teufel, die sich am Tage unter Eulen und Kröten in
den dunkeln Trümmern ihrer ehemaligen Herrlichkeit
versteckt haben, des Nachts aber in liebreizender Ge-

stalt emporsteigen, um irgend einen
arglosen Wanderer oder verwegenen
Gesellen zu betören und zu verlocken.«

Beide Stücke im dritten Teil des *Salons* sind verbunden durch die Dialektik
von Leid und Lust, Leben und Tod. In
einer vom christlichen Ethos beherrschten Welt mit ihrer asketischen Einstellung wird das Sinnliche zurückgedrängt, tritt der Tod in seiner düsteren
Allgewalt hervor und erstickt alle Lebensfreude. Aber das Leben und die
Lebensfreude sind unsterblich. Wie das
Grab zur Wiege wird, so steigt aus den
Tiefen des Bewusstseins die Erinnerung an das einstige Dasein in Einklang mit einer unverstellten Natur immer wieder neu empor.

Sirenen. Öl auf Leinwand
von Arnold Böcklin, 1874

Der Rabbi von Bacherach

Im Zentrum des vierten und letzten Teils des *Salons*
(1840) steht das Romanfragment *Der Rabbi von Bacherach*. Als Mitarbeiter im Berliner Verein für Kultur und
Wissenschaften der Juden in den Jahren 1822/23 erhielt Heine Anregungen zur Darstellung der Leidensgeschichte der Juden im Spätmittelalter. Als Darstellungsform schwebte ihm der historische Roman im
Stile Walter Scotts vor. 1825 brach er das Projekt ab.

Bibliophile Ausgabe
von Heines Rabbi von
Bacherach mit Lithographien von Max Liebermann

Erst 15 Jahre später
setzte er das Begonnene fort, kam
aber auch jetzt zu
keinem Abschluss.
Nach dem dritten
Kapitel legte er die
Arbeit beiseite.

Erzählt wird die
Geschichte eines
Rabbi, dem katholische Fanatiker eine

Kinderleiche ins Haus schmuggeln, um ihn eines Ritualmords bezichtigen zu können. Der Rabbi entdeckt jedoch die Leiche und flieht mit seiner Frau ins Frankfurter Ghetto. Dort muss er jedoch erfahren, dass man in Bacherach die gesamte jüdische Gemeinde niedergemacht hat. Bereits im zweiten Kapitel erfolgt ein sichtlicher Stilwandel. Was als düstere Darstellung eines menschlichen Martyriums begonnen hatte, schlägt um in eine burleske Erzählung mit deutlich satirisch-parodistischen Zügen. Klatschsüchtige Jüdinnen tauchen auf, und ein zum Christentum konvertierter jüdisch-spanischer Ritter macht mit lächerlicher Grandezza einer dicken Köchin den Hof.

Einmal mehr gelingt es Heine auch hier nicht, die gebotene epische Distanzierung durchzuhalten und den objektiven Chronikstil fortzusetzen. Bei allem zugestandenen Einfallsreichtum gehören die erzählenden Stücke des *Salons* nicht zum Besten, was Heine in Prosa geschrieben hat.

Mit den vertrauten Briefen an August Lewald *Über die französische Bühne* schließt Heine die Klammer, die er mit seinem Bericht über *Französische Maler* im ersten Band des *Salons* geöffnet hatte. In beiden Fällen geht es um Darstellungen aktuellen Kulturlebens in Frankreich.

Ausgehend von einer kritischen Besprechung Ernst Raupachs, der Lustspiele im Stil Kotzebues schrieb, erörtert Heine die Frage, ob es in Deutschland überhaupt gute Lustspiele gebe, die es mit den französischen aufnehmen könnten. Nach seinem Urteil sind die Deutschen ein viel komischeres Volk als die Fran-

Nein, sie sind nicht heiterer als wir; wir Deutsche haben für das Königliche vielleicht mehr Sinn und Empfänglichkeit als die Franzosen, wir, das Volk des Humors. Dabei findet man in Deutschland für die Lachlust ergiebigere Stoffe, mehr wahrhaftig lächerliche Charaktere als in Frankreich, wo die Persiflage der Gesellschaft jede außerordentliche Lächerlichkeit im Keime erstickt, wo kein Originalnarr sich ungehindert entwickeln und ausbilden kann.

Der Salon IV. Über die französische Bühne.

zosen und hätten viel bessere Sujets für die komische Darstellung. »Nur Deutschland erzeugt jene kolossalen Toren, deren Schellenkappe bis an den Himmel reicht.« Das französische Lustspiel hingegen sei sehr arm an Themen. »Die Ehe oder vielmehr der Ehebruch ist der Mittelpunkt all jener Lustspielraketen.«

Markante Unterschiede treten auch in der Tragödie zutage. Während die Stärke der französischen Tragödie mehr in der Handlung und der Passion liegt, besteht der Wert der deutschen mehr in der Poesie: Heine erkennt bereits deutlich die an bestimmte Kulturräume gebundenen Bedingungen des Kunstschaffens. »Die Literatur und die Kunst jedes Landes sind bedingt von lokalen Bedürfnissen [...]«

Ähnlich betont er auch in der Würdigung des Musiktheaters. Neben den räumlichen gelten die geschichtlichen Voraussetzungen für die Aufnahme von Kunst. Während Rossini vor allem die individuellen Bedürfnisse in der unpolitischen Phase der Restauration ansprach, entspricht Meyerbeer nun vielmehr den sozialen im Gefolge der Julirevolution. Wirklich angesprochen aber fühlt sich Heine von jener Musik, die ihn an die Poesie seiner Heimat erinnert. Entzückt ist er von der Musik Chopins, der einen Teil seines Lebens in Deutschland zugebracht hat. »Ja, dem Chopin muß man Genie zusprechen; [...] er ist nicht bloß Virtuose, er ist auch Poet, [...] Wenn er am Klavier sitzt und improvisiert, ist es mir, als besuche mich ein Landsmann aus der geliebten Heimat [...].«

Viel sagend klingt der Salon mit einer subjektiven Volte, mit einem Bekenntnis zu Deutschland aus: »Ach! es ist schon lange her, daß ich in der Fremde lebe, und mit meinem fabelhaften Heimweh komme ich mir manchmal vor wie der fliegende Holländer.«

> Aber was ist die Musik? Diese Frage hat mich gestern abend vor dem Einschlafen stundenlang beschäftigt. Es hat mit der Musik eine wunderliche Bewandtnis; ich möchte sagen, sie ist ein Wunder. Sie steht zwischen Gedanken und Erscheinung; als dämmernde Vermittlerin steht sie zwischen Geist und Materie; sie ist beiden verwandt und doch von beiden verschieden; sie ist Geist, aber Geist, welcher eines Zeitmaßes bedarf: sie ist Materie, aber Materie, die des Raumes entbehren kann.
>
> *Der Salon IV.*
> *Über die französische Bühne. Neunter Brief*

Frédéric Chopin

Auf der Höhe seines geistigen und literarischen Anse-
hens im Exil wie in der Heimat führte Heine das Leben eines Intellektuellen zwischen schriftstellerischer
Arbeit und Teilnahme an den kulturellen Ereignissen.
Gelegt hatte sich Anfang der vierziger Jahre der Sturm,
der ihm nach dem Erscheinen seines Börne-Buchs voll
ins Gesicht geblasen hatte. »Ich lebe in diesem Augenblick ziemlich ruhig, es herrscht Waffenstillstand zwischen mir und meinen Feinden«, schreibt er im April

Heinrich Heine, Bleistiftzeichnung getuscht, von
Samuel Diez, 1842

1843 an seinen Bruder Maximilian. Aber er weiß auch,
dass »Ausbrüche des tödlichsten Hasses und der feig-
sten Niederträchtigkeit« jederzeit möglich sind. Den
schlimmsten Feind indes trägt er in seinem »eigenen
Leibe«. »Fast die ganze linke Seite ist paralisiert […].
Über der linken Augenbraue, wo die Nase anfängt,
liegt ein Druck wie Blei.« Dazu kommt, dass auch »das
linke Auge sehr schwach und leidend« ist und »oft
nicht zusammen mit dem rechten Auge« arbeitet, was
zu einer unleidlichen »Verwirrung des Gesichtes«
führt. »Ich habe wenig Hoffnung des Besserwerdens

> Bey mir hat sich in der Ehe noch gar nichts verändert; im Gegentheil, meine Frau wird mit jedem Jahr vernünftiger und traitabler, und ich habe meine Heirath noch nicht bereut. Das ist viel, in der jetzigen Zeit und in Paris, wo es schlechte Ehen wimmelt; die guten Ehen sind so rar, daß man sie in Spiritus setzen sollte.
>
> *Brief an die Mutter Betty Heine vom 23. Mai 1843*

und sehe einer trüben Zukunft entgegen.« Selbstverständlich, dass in solchem Zustand an normales Arbeiten nicht zu denken ist. Umso dankbarer ist er daher für die Pension von 4800 Franken, die ihm Salomon jährlich weiterzahlt. »[...] ungefähr das Drittel von dem was ich brauche.« Das zweite Drittel macht die zu dieser Zeit noch immer gezahlte französische Staatspension aus, während der Rest durch die schriftstellerischen Einkünfte gedeckt werden muss. Heines größtes Glück ist das Zusammenleben mit seiner Frau. »Meine Frau ist ein gutes, natürliches, heiteres Kind [...] seit sieben bis acht Jahren liebe ich sie mit einer Leidenschaft und Zärtlichkeit, die ans Fabelhafte grenzt. Ich habe seitdem schrecklich viel Glück genossen.«

Frankreich, im engeren Sinne Paris, war Heine inzwischen zur zweiten Heimat geworden. »Nach Deutschland gehe ich nie und nimmer zurück«, lässt er den Bruder wissen. Verbindungen hielt er jedoch vor allem aufrecht über die *Augsburger Allgemeine*, für die er regelmäßig Berichte nach Deutschland übersandte.

Camille Pissarro, Boulevard Montmartre in Paris, 1897

Trotz seiner entschiedenen Ablehnung zurückzukehren, entschloss er sich im Oktober 1843 nach zwölfjähriger Abwesenheit, die Heimat zu besuchen, der er weiterhin in einer Art Hassliebe zugetan war. Gründe gab es genug. Mit Campe galt es einen neuen Vertrag auszuhandeln, der auch Mathilde finanziell absichern sollte. Aber Heine war kein Geschäftsmann. Für die Übertragung aller Verlagsrechte für die bisher vorliegenden Werke in beliebiger Auflage speiste ihn Campe mit einer Jahresrente von 2400 Franken ab, also gerade mit der Hälfte der Summe, die Heine von seinem Onkel bezog. Allerdings sollte nach seinem Ableben die Rente auf Mathilde übergehen.

Heines Reise führte ihn über Aachen und Köln nach Osnabrück und Münster. Von dort nach Bremen und Hamburg, wo er Ende des Monats eintraf. Er sah Schwester und Mutter nach vielen Jahren wieder. Die Mutter, so schrieb er Mathilde, sei stark gealtert. Die Zeit und die Sorgen hätten ihr sehr zugesetzt. Auch Salomon, der inzwischen die Mitte Siebzig überschritten hatte, fand er nicht bei bester Gesundheit.

Die persönlichen Beziehungen aber entwickelten sich sehr erfreulich. Rührend, wie Heine seine Frau in Paris immer noch mit Eifersucht verfolgte. Aus Hamburg schreibt er ihr: »Vergiß nicht, dass mein Auge immer auf Dir ruht, ich weiß alles, was Du tust, und was ich jetzt nicht weiß, werde ich später erfahren.« Heine blieb noch bis Anfang Dezember in Hamburg, dann reiste er über Bückeburg, Minden, Paderborn, Münster, Hagen, Köln und Aachen nach Paris zurück, wo er am 16. Dezember eintraf. Kurz danach lernte er Karl Marx kennen.

Unmittelbar nach seiner Rückkehr begann er mit der Arbeit an dem Werk, das bis heute zu seinen bekanntesten gehört. In *Deutschland. Ein Wintermärchen* verarbeitete er seine ernüchternden und desillusionierenden Eindrücke von der politischen, sozialen und geistigen Situation in seinem Heimatland, das noch immer weit entfernt war von durchgreifenden gesellschaftlichen Umwälzungen.

In dieser Zeit traf Heine sich häufiger mit Marx, der das Börne-Buch sehr schätzte und mit dem Heine lange Gespräche über seine politischen Dichtungen führte. Am 10. Juli erschien im *Vorwärts* das *Weberlied*. Anlass war vor allem der Weberaufstand von 1831 in

Lyon, ein Ereignis von beispielhafter Bedeutung für die vorindustrielle Zeit. Grell stellt das Gedicht den Konflikt von hemmungslosem Profitstreben und sozialer Verantwortung heraus. Auf Ausbeutung und Verarmung reagieren die Opfer brutaler Industrialisierung mit tödlicher Aggression. Eine Gesellschaft, die den industriellen Fortschritt über das Gebot der Menschlichkeit stellt, gräbt sich ihr eigenes Grab.

> Das Schiffchen fliegt, der Webstuhl kracht,
> Wir weben emsig Tag und Nacht –
> Altdeutschland, wir weben dein Leichentuch,
> Wir weben hinein den dreifachen Fluch,
> Wir weben und weben.
>
> *Weberlied. Zeitgedichte*

Die schlesischen Weber.
Öl auf Leinwand von Carl Wilhelm Hübner, 1844

Ende Juli 1844 machte sich Heine in Begleitung seiner Frau noch einmal zu einer Reise nach Deutschland auf. In Le Havre schiffte man sich auf einem Dampfboot nach Hamburg ein, wo man nach drei Tagen ankam. Mathilde, die weder Deutsch sprach noch verstand, fühlte sich schnell unwohl. Auch das Verhältnis der Verwandten zu ihr war eher reserviert. Heine hielt es daher schon nach wenigen Tagen für geraten, sie allein nach Paris zurückreisen zu lassen. Wieder von einem heftigen Augenleiden heimgesucht, fürchtete er den völligen Verlust seiner Sehkraft. Auch der Gesundheitszustand seines Onkels hatte sich äußerst verschlechtert. Heine blieb noch bis Oktober in Deutschland, von dem es, wie er ahnte, endgültig Abschied zu nehmen galt.

Heines Vetter Karl

Wenige Wochen nach seiner Rückkehr nach Paris erreichte ihn am 23. Dezember die Nachricht vom Tod Salomon Heines. Es folgte ein langer, zermürbender Erbschaftsstreit. In seinem Testament hatte Salomon für seinen Neffen ein Erbteil von 8000 Franken festgesetzt. Von einer Fortzahlung der Jahrespension war keine Rede, und Heines Vetter Karl weigerte sich, das mündliche Versprechen seines Vaters zu erfüllen. Heine reagierte mit äußerster Wut, die seinen ohnehin erschütterten Gesundheitszustand noch verschlimmerte. Sein linkes Auge war infolge einer Lähmung ganz geschlossen, das rechte erheblich eingetrübt. Dazu traten Lähmungen im Bereich des Oberleibs und des Gesichts. Besonders betroffen waren Lippe, Zunge und Kinnladen.

Ferdinand Lasalle

Campe, Lassalle, der Fürst Hermann von Pückler-Muskau, Alexander von Humboldt und Varnhagen versuchten für den schwer gezeichneten Heine zu vermitteln. Zeitungsartikel erschienen, die den millionenschweren Vetter öffentlich anprangerten. Endlich gab Karl Heine unter dem erheblichen äußeren Druck nach und zeigte sich zu einer Fortzahlung der Jahresrente bereit. Im Februar 1847 kam es zu einer versöhnlichen Begegnung in Paris.

1844 war das Jahr wichtiger Veröffentlichungen. Ende September erschien die Sammlung *Neue Gedichte*, die bereits Anfang November in die zweite Auflage ging. Anfang Oktober lag *Deutschland. Ein Wintermärchen* vor, das nach wenigen Wochen ebenfalls nachgedruckt wurde. Umgehend erfolgte in vielen deutschen Staaten ein Verbot bzw. Beschlagnahmungen.

»Die neue Schule, die moderne deutsche Lyrik« – »Neue Gedichte«

Die 1844 erschienene Sammlung *Neue Gedichte* umfasst die Teile *Neuer Frühling, Verschiedene, Romanzen* und *Zeitgedichte*. Vieles war schon vorher gedruckt worden. Die Gedichte *Neuer Frühling* lagen bereits 1831 in der zweiten Auflage des zweiten Bandes der *Reisebilder* vor. *Verschiedene* waren schon im ersten Band des *Salons* (1834) eingefügt und das *Tannhäuser*-Lied begegnete zum ersten Mal in den *Elementargeistern* (1837). Heines zweite große lyrische Sammlung setzt zunächst Tendenzen aus dem *Buch der Lieder* fort und pointiert sie zugleich. Ironisch desillusioniert das schwärmerische Naturerleben zugunsten eines klaren, unverstellten Blicks auf die wirklichen Erscheinungsformen und Vorgänge. Während Gedichte wie *Leise zieht durch mein Gemüt, Durch den Wald im Morgenscheine* und *Im Anfang war die Nachtigall* mit seiner Philisterkritik noch romantische Töne anschlagen, nimmt in der zweiten Abteilung *Verschiedene* die ironische Pointierung zu.

Die Sentimentale. Öl auf Leinwand von Johann Peter Hasenclever, 1846

Das Fräulein stand am Meere
Und seufzte lang und bang,
Es rührte sie so sehre
Der Sonnenuntergang.

Mein Fräulein! sei'n Sie munter,
Das ist ein altes Stück;
Hier vorne geht sie unter
Und kehrt von hinten zurück.

An die Stelle eines verschwiemelten Emotionalisierens treten die klare Beobachtung und die konkrete Sinnbildhaftigkeit von Untergang und Aufgang, Abschied und Ankunft. Unmittelbar erlebt das Ich die reale Sinnlichkeit der Natur, ihre leuchtenden Farben, ihre üppig hervortretenden Formen und ihre ewigen Wechsel. Liebe ist ein Teil der Natur, sinnlich und überreich wie sie. Fremd ist ihr das Verklären und Entsagen. Gewährend und erfüllend begründet sie ein ganz und gar irdisches Glück, das Heine in Joachim von Fiores Prophezeiungen von dem dritten Testament des aus dem 12. Jahrhundert beispielhaft erfasst fühlt.

Joachim von Fiore hat mit seinen exegetisch begründeten Voraussagen und solchen großen Leitworten mächtig und langhin nachgewirkt auf Ketzer und Schwärmer bis zu den Wiedertäufern der Reformationszeit, den Puritanern der großen englischen Revolution und noch weiter.
Dolf Sternberger: Heinrich Heine und die Abschaffung der Sünde

Auf diesem Felsen bauen wir
Die Kirche von dem dritten,
dem dritten neuen Testament;
Das Leid ist ausgelitten.

Vernichtet ist das Zweierlei,
Das uns so lang betöret;
Die dumme Leiberquälerei
Hat endlich aufgehöret.

Heine versetzt das dritte Testament, nach Sündenfall und sühnender Gnade als ein Testament der Vollendung unter dem Einfluss der Saint-Simonisten ganz ins Irdische. Hier und jetzt findet die Erfüllung statt. Aufgehoben ist der Dualismus von Körper und Seele, Himmel und Erde. Im Genuss der leiblichen Freuden ist der Geist gegenwärtig, in ihm erst vermag er Gestalt anzunehmen und zum Erlebnis zu werden. Ausdruck höchster Harmonie ist der Zusammenhang von Sinnlichkeit und Geist, in dem sich die Schönheit des Daseins vollendet. Mit großer pantheistischer Geste bekennt sich das Ich zur Göttlichkeit dessen, was ist:

Hörst du den Gott im finstern Meer?
Mit tausend Stimmen spricht er.
Und siehst du über unserm Haupt
Die tausend Gotteslichter?

Der heil'ge Gott der ist im Licht
Wie in den Finsternissen;
Und Gott ist alles was da ist;
Er ist in unsern Küssen.

Henri Moret, Port-Manech/Bretagne, 1896

Gott ist das Leben selber. Keine mythische Gestalt, kein seraphisch verklärter Übervater, sondern das pralle Sein zwischen Licht und Finsternis, der Meer und Himmel umspannende Kosmos und die in der Liebe der Menschen wirksame Kraft. Vom Göttlichen beseelt, ist das Dasein nicht länger ein Jammertal, von der Sünde befleckt, hungrig nach Erlösung, sondern bereits das Paradies jenseits der Sünde, wo sich die Menschen liebend selbst erlösen.

Die moderne, neue Schule der Lyrik wie sie Heine nach seinen eigenen Worten begründet, bringt eine Lyrik sinnlich erlebter Wirklichkeit im Einklang mit einer unendlich gewährenden Natur hervor. Das Glück der Menschen vermag sich nur im Irdischen zu erfüllen. Das Gedicht wird zum Wegweiser dieser irdischen

> […] mit mir ist die alte lyrische Schule der Deutschen geschlossen, während zugleich die neue Schule, die moderne deutsche Lyrik von mir eröffnet ward.
> *Vermischte Schriften*

Glückseligkeit. Seine Einheit von sinnlicher Aussage und ästhetischer Gestalt ist Spiegel vollkommener geistig-körperlicher Harmonie. Intensiv thematisiert werden immer wieder Erotik und Liebe, das spontane Erleben der Erfüllung im Einssein mit dem anderen und zugleich das Erleben der persönlichen Erhöhung.

Adressaten der Gedichte sind bevorzugt die Frauen bis hin zum Lied vom Tannhäuser, wo der Mann für immer mit der Venus verschmilzt. Der Venusberg ist kein Ort der Verdammnis, sondern das Dorado irdischer Erfüllung, der Himmel auf Erden.

Das Liebesthema, oft ins Tragische gewendet, beherrscht auch die *Romanzen*. Auffällig zieht Heine diese Genre-Bezeichnung der Bezeichnung Ballade vor. Die Aktion ist im Grunde zweitrangig. Im Vordergrund stehen das Atmosphärische und der emotionale Ausdruck. Im *Ritter Olaf* ist der ritterliche Bräutigam dem Tod auf dem Schafott geweiht, weil er die Königstochter verführt hat. Nach der Hochzeit muss er sterben. Liebe und Tod liegen nah beieinander. Auf dem Gipfel des Lebens fällt der Blick bereits in den Abgrund. Sinnfällig wird das Paradox menschlicher Existenz. Das höchste Glück ruft immer schon das tiefste Unheil wach.

Düstere Tragik beherrscht auch das Gedicht *Frau Mette*, die vom werbenden Gesang des Dichters magisch angezogen, eine Liebesnacht mit ihm verbringt. Doch so gewaltig ist das Erleben der Liebe, dass sie das Leben bis zur Neige aufzehrt. Am Ende liegt Frau Mette auf der Totenbahre. Das zeitliche Dasein kapituliert vor dem nach Ewigkeit verlangenden Liebesglück.

Die *Romanzen* bilden den Kontrapunkt zu den vorausgehenden Abteilungen. Die immer wieder be-

Herr Olaf steigt in den Hof hinab,
Da blinken viel Schwerter und Lichter.
Es lächelt des Ritters roter Mund,
Mit lächelndem Munde spricht er:

»Ich segne die Sonne, ich segne den Mond,
Und die Stern', die am Himmel schweifen.
Ich segne auch die Vögelein,
Die in den Lüften pfeifen.

Ich segne das Meer, ich segne das Land,
Und die Blumen auf der Aue.
Ich segne die Veilchen, sie sind so sanft
Wie die Augen meiner Fraue.

Ihr Veilchenaugen meiner Frau,
Durch euch verlier' ich mein Leben!
Ich segne auch den Holunderbaum,
Wo du dich mir ergeben.«

Ritter Olaf. Romanzen

schworene Erfüllung dort weicht dem tragischen Erschrecken angesichts des letztendlichen Scheiterns. Deutlich beginnt sich schon hier unter dem persönlichen Leidensdruck Heines späte Lyrik zu profilieren. Seit der 3. Auflage der *Neuen Gedichte* (1852) ist nach den *Romanzen* die Sammlung *Zur Ollea* eingeschoben, was so viel wie Vielerlei bedeutet. Fortgesetzt wird auch hier der elegische Ton, aber nun mehr und mehr ins Komische und Burleske übergehend. In *Altes Kaminstück* erweckt der Blick in den brennenden Kamin, an dem sich ein Kätzchen die Pfoten wärmt, bei summendem Wasserkessel Erinnerungen an vergangene Zeiten, an schöne Frauen, Harlekine, Marmorgötter und Zauberschlösser. Es ist, als ob die längst versunkene Romantik dem Schauenden noch einmal alle ihre poetischen Illusionen vorgaukle, dem Dichter, dem »romantique défroqué«. dem entlaufenen Romantiker, der zeitlebens ein Romantiker geblieben ist. »Trotz meiner exterminatorischen Feldzüge gegen die Romantik«, bekennt Heine noch in den *Geständnissen*, »blieb ich doch selbst immer ein Romantiker.« Doch die Desillusionierung lässt nicht lange auf sich warten.

> Und das alles zieht vorüber,
> Schattenhaftig übereilt –
> Ach! da kocht der Kessel über,
> Und das nasse Kätzchen heult!

Was im Betrachter Revue passiert ist nichts anderes als das Ergebnis überhitzter Phantasie. Im Schwaden und Wasserdampf lösen sich die Chimären einer bloßen Fabelwelt auf. »Olla Potrida« oder auch »Ollea Potride« wie Heine im *Romanzero* schreibt, gemeint ist ein spanisches Gewürzgericht aus verschiedenem Fleisch, spielt hier auf die Stilmischung an. Elegisches und Komisches verbinden sich zum Ausdruck momentaner Nostalgie, die von der Wirklichkeit eingeholt und überwunden wird. Am Ende bleibt nur das jaulende Kätzchen, der Katzenjammer.

**Verspottung des martialischen Tons
der sogenannten politischen Dichter**
Sei nicht mehr die weiche Flöte,
Das idyllische Gemüt –
Sei des Vaterlands Posaune,
Sei Kanone, sei Kartaune,
Blase, schmettre, donnre, töte!

Blase, schmettre, donnre täglich,
Bis der letzte Dränger flieht –
Singe nur in dieser Richtung,
Aber halte deine Dichtung
Nur so allgemein als möglich.
Tendenz. Zeitgedichte

Was den modernen Dichter herausfordert, ist nicht der Blick zurück, sondern der Blick auf die Gegenwart. In den *Zeitgedichten* setzt sich Heine mit seiner Zeit

und dem zeitgenössischen Leser auseinander, nachdem auch schon Franz von Dingelstedt (*Lieder eines kosmopolitischen Nachtwächters,* 1841) und Georg Herwegh (*Gedichte eines Lebendigen,* 1841/43) so genannte politische Gedichte vorgelegt hatten. Ihnen folgte ebenfalls 1844 Ferdinand Freiligrath mit *Ein Glaubensbekenntnis*. Das Gedicht, das sich von innen nach außen zu wenden begann, aus der Innerlichkeit in das Tagesgeschehen, erlebte eine poetische Hochkonjunktur. Heine sah aber auch als erster die Gefahren und Fragwürdigkeiten einer Lyrik, die sich bedenkenlos in den Dienst politischer Programme stellen ließ, zur Parteirede verflachte, statt den Blick des Einzelnen zu schärfen für die jeweilige politische Lage und ihn zum Selbsturteil herauszufordern.

Georg Herwegh. Stich von C. Grenzenbach

Heine sagt im Einleitungsgedicht *Doktrin* selbst,
worauf es ihm ankommt:

> Schlage die Trommel und fürchte dich nicht,
> Und küsse die Marketenderin!
> Das ist die ganze Wissenschaft,
> Das ist der Bücher tiefster Sinn.

Es gilt, die Reveille, den Weckruf zu trommeln und
dabei das pulsierende Leben nicht aus den Augen zu
verlieren. Nur der aufgeweckte, sinnlich aufgeschlos-
sene Mensch kann sich
ein Bild machen von
der Welt und von dem,
was verändert werden
muss. Keiner Pro-
gramme, keiner Welt-
verbesserungspläne be-
darf es, sondern der
wachen Aufmerksam-
keit für die politische
Realität. Doch gerade
um den wachen Ver-
stand ist es in Deutsch-
land schlecht bestellt.

»Wie der deutsche
Michel in Wuth geräth«,
Flugblatt von 1848

> Wir sind Germanen gemütlich und brav,
> Wir schlafen gesunden Pflanzenschlaf,
> Und wenn wir erwachen, pflegt uns zu dürsten,
> Doch nicht nach dem Blute unsrer Fürsten.

Spießertum, Kritiklosigkeit und Untertanenmoral
widersetzen sich erfolgreich allen gesellschaftlichen
Veränderungen. Eine Änderung der Verhältnisse setzt
eine Veränderung des Einzelnen voraus. Der Spießer
und Untertan aber, der sich mit der Befriedigung seiner banalsten Bedürfnisse zufrieden gibt und seine
Unterdrückung nicht einmal wahrnimmt, weil es nie
anders war, ist die ideale Stütze des Absolutismus,
nicht zuletzt getragen von religiösen Vorstellungen.

Anders das lyrische Ich in den Zeitgedichten, das es unternimmt, seine Leser aus ihrem politischen Dauerschlaf und ihrer Ahnungslosigkeit wachzurütteln und sie anzustoßen, sich selbst zu befreien.

Vermissen werde ich nimmermehr
Die paradiesischen Räume:
Das war kein wahres Paradies –
Es gab dort verbotene Bäume.

Ich will mein volles Freiheitsrecht!
Find ich die geringste Beschränknis,
Verwandelt sich mir das Paradies
In Hölle und Gefängnis.

Sündenfall und Vertreibung aus dem Paradies. Ausschnitt aus Michelangelos Komposition in der Sixtinischen Kapelle

Schon das Paradies der Bibel ist ein unfreier, den Menschen empfindlich einschränkender Raum. Seine überlieferten religiösen Vorstellungen engen den Einzelnen von vornherein ein und machen ihn gefügig für seine fraglose Unterordnung unter autokratische Systeme. Eine freie, allseitige persönliche Entfaltung setzt die entschlossene Loslösung von der christlichen Verbotsreligion wie von absolutistischer Unterdrückung voraus. Das lyrische Ich versteht sich als Schrittmacher in einem alle angehenden Emanzipationsprozess. Die *Nachtgedanken* beschließen die *Neuen Gedichte* und leiten über zu *Deutschland. Ein Wintermärchen*.

Beruhigt euch, ich liebe das Vaterland eben so sehr, wie ihr. Wegen dieser Liebe habe ich dreizehn Lebensjahre im Exile verlebt, und wegen eben dieser Liebe kehre ich wieder zurück ins Exil, vielleicht für immer, jedenfalls ohne zu flennen oder eine schiefmäulige Duldergrimasse zu schneiden. Ich bin der Freund der Franzosen, wie ich der Freund aller Menschen bin, wenn sie vernünftig und gut sind.

Aus dem Vorwort zum Wintermärchen

»Ein neues Lied, ein besseres Lied!«
Heines *Deutschland. Ein Wintermärchen,* »ein höchst humoristisches Reise-Epos«, wie er selbst sagt, nimmt den Stil und den Ton der früheren Reisebilder in Prosa noch einmal auf. Die Struktur ist jedoch pointierter und markanter. Am Anfang steht das »alte Entsagungslied«, das »Eiapopaia vom Himmel«, die ewige Vertröstung des auf Erden zu kurz kommenden Menschen. Das Lied vom Jammertal aber provoziert das Gegenlied von der Erfüllung.

Caravaggio, Bacchus. Öl auf Leinwand, um 1598

Ein neues Lied, ein besseres Lied,
O Freunde, will ich euch dichten!
Wir wollen hier auf Erden schon
Das Himmelreich errichten.

Wir wollen auf Erden glücklich sein,
Und wollen nicht mehr darben.
Verschlemmen soll nicht der faule Bauch,
Was fleißige Hände erwarben.

Es wächst hienieden Brot genug
Für alle Menschenkinder,
Auch Rosen und Myrten, Schönheit und Lust,
Und Zuckererbsen nicht minder.

Ja, Zuckererbsen für jedermann,
Sobald die Schoten platzen!
Den Himmel überlassen wir
Den Engeln und den Spatzen.

Zeichnung von Carl Schellemann zu Heines Wintermärchen, Kaput VII

Wenn der Mensch aufhört, in die vagen Jenseitsvertröstungen einzustimmen, mit denen man ihn nur einlullt, eröffnet sich ihm die Chance eines Himmelreichs auf Erden. Nur hier kann er Glück, Lust und Schönheit finden. Genießend entfaltet und vollendet er sein Menschsein. Verlobung feiert die »Jungfer Europa« mit »dem schönen Genius der Freiheit [...].«

Das Gegenlied vom Glück eines erfüllten irdischen Daseins entwirft die Vision humaner Emanzipation, die im folgenden als höchste ethische Norm mitgedacht werden muss.

Heines Eindrücke seiner Reise über Aachen, Köln, durch das Münsterland bis nach Hamburg fügen sich zu einer satirischen Revue, die auf komisch-groteske Weise der vorangestellten Norm widerspricht, so dass eine menschlich verkehrte Welt Gestalt annimmt. Beherrschend ist die reaktionäre preußisch-deutsche Wirklichkeit mit ihrer sich jedem Fortschritt verschließenden Monarchie, ihrem Militarismus und Nationalismus, der im Arminius- und Barbarossakult absurde Ausmaße erreicht.

Feier der Grundsteinlegung zum Weiterbau des Kölner Doms. Lithographie von Georg Oswald, 1842

Hand in Hand geht die gesellschaftspolitische Reaktion mit der katholischen Restauration, die im Dombau von Köln ihren adäquaten Ausdruck findet.

> Er sollte des Geistes Bastille sein,
> Und die listigen Römlinge dachten:
> »In diesem Riesenkerker wird
> Die deutsche Vernunft verschmachten.«

In Hamburg erlaubt Hammonia, Verkörperung konservativer hanseatischer Bürgerlichkeit, dem Dichter einen Blick in den Nachtstuhl, dem einstigen Kaiserstuhl Karls des Großen zu werfen, einen Blick in die Zukunft Deutschlands.

> Entsetzlich waren die Düfte, o Gott!
> Die sich nachher erhuben;
> Es war, als fegte man den Mist
> Aus sechsunddreißig Gruben.

Das Zukunftsbild, wie es Heine entwirft, ist ambivalent. Dem Gestank, der ausgeht von den verwesenden reaktionären Strukturen der Kleinstaaterei, steht der vollendete Genuss der Freiheit in Schönheit und Lust gegenüber. Skepsis und Utopie scheinen sich die Waage zu halten angesichts eines Landes, in dem nichts weitergehen will, in dem die Satire ständig neue Nahrung erhält und das überlegene humane Ethos ohne Chancen zu sein scheint.

> Noch immer das hölzern pedantische Volk,
> Noch immer ein rechter Winkel
> In jeder Bewegung, und im Gesicht
> Der eingefrorene Dünkel.

Zeichnung von Carl Schellemann zu Heines Wintermärchen, Kaput XXVI

> Sie stelzen noch immer so steif herum,
> So kerzengrade geschniegelt,
> Als hätten sie verschluckt den Stock,
> Womit man sie einst geprügelt.

Heines Leidenszeit schreitet unaufhaltsam voran. Hatte er schon während seiner Deutschlandreise ständig über seine Augen geklagt, so nahm die Sehkraft nach seiner Rückkehr nach Paris weiterhin ständig ab. Heine suchte Linderung und Besserung auf dem Lande. Dem Journalisten August Kunze, Autor eines Artikels über Heine, schreibt er: »Ich bin in diesem Augenblick halb blind und habe nur mit Mühe Ihren Brief, aber gar nicht Ihren Artikel lesen können [...] Ich lebe jetzt auf dem Lande.«

Im Juni war Heine nach Montmorency gereist, ein idyllisch gelegenes Ausflugsziel 15 Kilometer nördlich von Paris. Bekannt geworden war der Ort durch Jean-Jacques Rousseau, einen der geistigen Väter der Revolution, der hier zwischen 1756 und 1762 gelebt und seinen sensationell erfolgreichen Briefroman *Julie, ou la Nouvelle Héloïse* vollendet hatte.

Trotz seines schlechten Gesundheitszustands ist Heine keineswegs niedergeschlagen. »Ich habe ganz meine Geistesheiterkeit bewahrt«, lässt er Campe wissen, und der Mutter schildert er ausführlich das Leben auf dem Lande: »Ich hab in Montmorency ein kleines Landhaus mit einem hübschen Garten, ein wahres Paradies en miniature. Meine Frau führt sich sehr liebenswürdig auf und amüsiert sich mit den Blumen

In meinen Tagesträumen,
In meinem nächtlichen Wachen,
Stets klingt mir in der Seele
Dein allerliebstes Lachen.

Denkst du noch Montmorencys,
Wie du auf dem Esel rittest,
Und von dem hohen Sattel
Hinab in die Disteln glittest?

Der Esel blieb ruhig stehen,
Fing an die Disteln zu fressen –
Dein allerliebstes Lachen
Werde ich nie vergessen.

Hortense

Die Eremitage von Montmorency, wo Rousseau zeitweise wohnte. Stich von Gautier

[...]. Mein linkes Auge ist immer noch zu. – Ich brauch Schwefelbäder, die mir gut bekommen.«

Nach seiner Rückkehr im Oktober fühlte er sich kurzfristig besser. Seine ihm verbliebene Arbeitskraft widmete er dem *Atta Troll*. Sorge trieb ihn vor allem um wegen Mathilde. Sie galt es abzusichern, sollte ihm etwas zustoßen. Seine alte Spielleidenschaft erwachte wieder und ließ ihn sein Glück an der Börse suchen. Im Mai 1846 erwarb er für die erstaunlich hohe Summe von 12500 Franken Aktien einer Gasbeleuchtungsgesellschaft, was sich jedoch später als Fehlinvestition herausstellte. Noch im gleichen Jahr setzte er Mathilde testamentarisch als Universalerbin ein.

Seinen sich wieder verschlechternden Gesundheitszustand versuchte er verzweifelt mit weiteren Kuraufenthalten zu verbessern. Im Juni 1846 reiste er in die

Cauterets in den Pyrenäen. Kolorierte Lithographie von André Gorse

Hautes Pyrénées, wo er sich Linderung seiner Leiden durch Kaltwasserspritzen erhoffte. Bereits im Sommer 1841 hatte er sich in Cauterets aufgehalten und sowohl die Natur als auch die dortigen Bäder in guter Erinnerung bewahrt. Damals hatte er an Gustav Kolb, den Redakteur der *Allgemeinen Zeitung* geschrieben: »Cauterets ist eine der wüstesten Schluchten der Pyrenäen [...] Die himmelhohen Berge, die mich umgeben, sind so ruhig, so leidenschaftslos, so glücklich! [...] Die hiesigen Bergquellen üben täglich Wunderkuren, und auch ich hoffe zu genesen.«

Doch diesmal erfüllten sich Heines Genesungswünsche nicht. Sein Reiseziel Barèges erreichte er erst mit vierzehntägiger Verspätung. Ständige Übelkeit und Schwindel hielten ihn in Bagnères de Bigorre, eine Tagesreise vor Barèges, fest. Die Spritzen mit kaltem Wasser blieben wirkungslos. »Dabei kann ich gar nichts mehr essen wegen gesteigerter Lähmung des

Die Thermalbadanlage in Barèges

Mundes und des Schlundes.« Daneben bedrückt ihn seine desolate wirtschaftliche Lage. »Meine Finanzen sind schlecht, diese Krankheit und die Reise nach Barèges haben mich schier ausgebeutet und ich weiß wahrhaftig nicht, wie ich die zunehmenden Lebenskosten diesen Winter erschwinge!«

Aber auch jetzt lässt sich Heine nicht unterkriegen. »Meine innere Lebenskraft oder besser gesagt mein Lebenswille verlässt mich nicht«, schreibt er in einem anderen Brief. Immer klarer wird ihm jedoch, dass es keine Genesung mehr für ihn geben wird. »Meine Meinung geht dahin, daß ich nicht mehr zu retten bin«, teilt er Campe mit. Angst vor dem Sterben befällt ihn. Im gleichen Brief heißt es: »[...] das Sterben ist etwas Schauderhaftes, nicht der Tod, wenn es überhaupt einen Tod gibt. Der Tod ist vielleicht der letzte Aberglaube.« Eine rätselhafte Stelle. Glaubte Heine im Übermaß seiner Leiden an ein wie immer geartetes Jenseits, an eine Annullierung des Todes? Oder war er einfach nur überzeugt von der Unsterblichkeit des Geistes in seinen Werken, die auch dann noch fortleben, wenn der Körper längst vergangen war? Seine Hochschätzung der geistigen Existenz des Menschen spricht, wenn überhaupt, für die letztere Annahme. Heine magerte ab. Die Lähmungen im Kopfbereich erschwerten das Sprechen. Ende August trat er die für ihn strapaziöse Rückreise nach Paris an.

Heinrich Laube, in dessen *Zeitung für die elegante Welt* die erste Fassung des *Atta Troll* erschien, war erschrocken über Heines Zustand. Abgemagert, halbblind, sein Gesicht mit einem Vollbart bedeckt, da er allergisch auf das Schermesser reagierte, bot Heine ein Bild des Jammers. Sein Geist aber war wunderbar klar und seine literarische Schaffenskraft kaum gebrochen.

Atta Troll. Ein Sommernachtstraum

Heines bedeutendste Dichtung der vierziger Jahre ist sein *Atta Troll*, eine Persiflage auf die politisch-literarische Tendenzpoesie in Deutschland, die nicht ohne eine gewisse Tapsigkeit und Plumpheit daherkam, daher der Bär als die etwas ungewöhnliche Heldenfigur.

Eingangsvignette zu Atta Troll. Illustration von H. Tischler

Das komische Epos erschien zwischen dem 4. Januar und dem 8. März 1843 in der *Zeitung für die elegante Welt*. Die überarbeitete und erweiterte Buchausgabe folgte 1847 bei Campe.

Im Vorwort nennt Heine selbst die zeitgenössische politisierende Dichtung als das eigentliche Angriffsziel. Neben den bereits genannten Herwegh, Dingelstedt und Freiligrath, ist es nicht zuletzt auch Heinrich August Hoffmann von Fallersleben mit seinen »Unpolitischen

Damals blühte die sogenannte politische Dichtkunst. […] Die Musen bekamen die strenge Weisung, sich hinfüro nicht mehr müßig und leichtfertig umherzutreiben, sondern in vaterländischen Dienst zu treten, etwa als Marketenderinnen der Freiheit oder als Wäscherinnen der christlich-germanischen Nationalität. Es erhub sich im deutschen Bardenhain ganz besonders jener vage, unfruchtbare Pathos, jener nutzlose Enthusiasmusdunst, der sich mit Todesverachtung in einen Ozean von Allgemeinheiten stürzte […]

Vorrede zu Atta Troll

Liedern« (1840), der seinen Spott hervorrief. »[…] damals galt es die unveräußerlichen Rechte des Geistes zu vertreten, zumal in der Poesie. Wie eine solche Vertretung das große Geschäft meines Lebens war, so habe ich sie am allerwenigsten im vorliegenden Gedicht außer Augen gelassen, und sowohl Tonart als Stoff desselben war ein Protest gegen die Plebiscita der Tagestribünen.« Auch die politische Dichtung muss sich messen lassen am geistig-ästhetischen Anspruch. Wo immer sie zur Phrase und zur Schlagwortrhetorik verkommt und nicht mehr sorgfältig stilisiert wird, sondern auf den martialischen Effekt setzt, verfällt sie der Kritik.

Atta Troll erzählt die Geschichte eines plumpen Tanzbären, der sich in dem Badeort Cauterets in den Pyrenäen eines Tages von seinen Fesseln losreißt und ins Gebirge flieht. Schmerzlich ist für ihn, dass er Mumma, seine geliebte Frau, zurücklassen muss. Angekommen bei den Seinen, hält er ihnen feierliche Reden über Freiheit, Gleichheit und Brüderlichkeit, über die Religion und das Gemeindeeigentum.

Dächte jeder Bär und dächten
Alle Tiere so wie ich,
Mit vereinten Kräften würden
Wir bekämpfen die Tyrannen.

Es verbände sich der Eber
Mit dem Roß, der Elefant
Schlänge brüderlich den Rüssel
Um das Horn des wackern Ochsen.

Verdächtig ist schon der Konjunktiv, mehr das Irreale als das Potentielle und Mögliche betonend. Zwischen Schlafen, gutem Essen und behaglichem Faulenzen hält der Bär Sonntagsreden. Worte treten an die Stelle von Taten, Phrasen an die Stelle des Arguments. Atta Troll wird zum »Faselbären«, herumtappend im Kauderwelsch nichts sagender Allgemeinheiten.

> Einheit! Einheit! Und wir siegen
> Und es stürzt das Regiment
> Schnöden Monopols! Wir stiften
> Ein gerechtes Animalreich.

Die aufgeschnappten Revolutionsparolen drängen sich ebenso selbstverständlich wie folgenlos in seine Rede, ein Zitatenschatz, mit dem sich der Schwätzer ohne Risiko für Leib und Leben brüstet. Ziel ist in satirischer Inszenierung ein Tierreich im Genuss der Revolutionsideale, ein Bestiarium, in dem es ausschließlich um die Befriedigung der banalen, materiellen Bedürfnisse geht und der Dumme auf seine Kosten kommt.

»Schaut hinunter, wie verhöhnend, und verschwindet im Gebirg.« Illustration von Edmund Brüning zu Atta Troll

> Strenge Gleichheit! Jeder Esel
> Sei befugt zum höchsten Staatsamt,
> Und der Löwe soll dagegen
> Mit dem Sack zur Mühle traben.

In der Tierwelt geht es offenbar zu wie in der Menschenwelt. Der Dümmste steigt in die höchsten Ränge auf oder soll es zumindest, ein klares Missverständnis des Gleichheitsgrundsatzes. In sich widersinnig ist die Vorstellung des Fleisch fressenden Löwen, der die Kornsäcke zur Mühle schleppt. Was immer der Bär als Ausdruck seiner scheinbar fortschrittlichen Gesinnung von sich gibt, entlarvt nur seine Dummheit, seine Unfähigkeit, dazu zu lernen und sich selbst und Herge-

brachtes zu verändern. Verräterisch ist in diesem
Sinne seine Einstellung zur Religion:

> Werde nur kein Atheist,
> So ein Unbär ohne Ehrfurcht
> Vor dem Schöpfer – ja, ein Schöpfer
> Hat erschaffen dieses Weltall!

Heine und Hegel

Eines schönen hellgestirnten Abends standen wir beide nebeneinander am Fenster, und ich, ein zweiundzwanzigjähriger junger Mensch, ich hatte eben gut gegessen und Kaffee getrunken, und ich sprach mit Schwärmerei von den Sternen und nannte sie den Aufenthalt der Seligen. Der Meister aber brümmelte vor sich hin: »Die Sterne, hum! hum! Die Sterne sind nur ein leuchtender Aussatz am Himmel.« – Um Gotteswillen« – rief ich – »es gibt also droben kein glückliches Lokal, um dort die Tugend nach dem Tode zu belohnen?« Jener aber, indem er mich mit seinen bleichen Augen stier ansah, sagte schneidend: »Sie wollen also noch ein Trinkgeld dafür haben, daß Sie Ihre kranke Mutter gepflegt und Ihren Herrn Bruder nicht vergiftet haben?«

Vermischte Schriften. Geständnisse

Kritiklos unterwirft er sich der Autorität eines
Schöpfers, ohne zu erwägen, ob nicht die Vorstellung
eines über allem thronenden Gottes letztlich auch den
absolutistischen Herrscher rechtfertigen könnte. Letzter Beweggrund für den Glauben an den Himmel aber
ist die eigene, naive Selbstliebe:

Atta Troll. Illustration von
Edmund Brüning

> Werd’ ich selber himmelstrunken,
> Droben in dem Sternenzelte,
> Mit der Glorie, mit der Palme
> Tanzen vor dem Thron des Herrn?

Der dumme, sich in die eigenen Faseleien
verstrickende Bär schlüpft fraglos aus der einen in eine andere Abhängigkeit. Seinem irdischen Zwingherrn entkommen, stürzt er
sich freiwillig in den Dienst des himmlischen. Dem täuschend echt imitierten Gebrumm seiner Frau Mumma folgend, gerät
Atta Troll schließlich vor die Flinte des Bärenjägers, der ihn erlegt. Sein Fell aber dient in

Paris, im Schlafzimmer Juliettes, gemeint ist Mathilde, als Bettvorleger. Spöttisch, in gespielter Wehmut zitiert der Erzähler die Verse aus Schillers *Die Götter Griechenlands*: Was im Lied soll ewig leben,/Muß im Leben untergehn!

Für den Bären lässt der »Bavarenkönig« ein Denkmal in der Walhalla mit einer Inschrift entwerfen. Stets sind die Sonntagsredner, die geschützt in den eigenen vier Wänden das große Wort führen, die besten Stützen ihrer Herren gewesen, würdig, in deren Walhalla aufgenommen zu werden.

> Atta Troll, Tendenzbär; sittlich
> Religiös, als Gatte brünstig;
> Durch Verführtsein von dem Zeitgeist,
> Waldursprünglich Sanskülotte;
>
> Sehr schlecht tanzend, doch Gesinnung
> Tragend in der zott'gen Hochbrust;
> Manchmal auch gestunken habend.
> Kein Talent, doch ein Charakter!

Für Heine, wie seine eigenen Zeitgedichte zeigen, haben politische Gegenstände durchaus Platz in der Literatur, auch in der im engeren Sinn poetischen. Immer wieder hat er gerade den Dichter verspottet, der sich vor allem in die eigene Innerlichkeit einschließt, ohne den Blick auf das äußere Geschehen zu richten

Die einen sehen in allen irdischen Dingen nur einen trostlosen Kreislauf; [...] sie schütteln den Kopf über unsere Freiheitskämpfe, die nur dem Aufkommen neuer Tyrannen förderlich seien; sie lächeln über alle Bestrebungen eines politischen Enthusiasmus, der die Welt besser und glücklicher machen will, und der doch am Ende erkühle und nichts gefruchtet; [...] In Deutschland sind die Weltweisen der historischen Schule und die Poeten aus der Wolfgang Goetheschen Kunstperiode ganz eigentlich dieser Ansicht zugethan, und letztere pflegen damit einen sentimentalen Indifferentismus gegen alle politischen Angelegenheiten des Vaterlandes allersüßlichst zu beschönigen.

Verschiedenartige Geschichtsauffassung

und sich mit diesem auseinanderzusetzen. Was aber seine Kritik herausforderte, war die bloße Wortemacherei bei ungerührter Fortsetzung der eigenen spießigen Lebensführung. Phrasen und Parolen verändern das Bewusstsein der Menschen nicht, nur der, der sich öffnet für neue Einsichten und Erkenntnisse, ist in der Lage, etwas zu bewegen. In *Atta Troll* rechnet Heine ab mit dem politischen Phrasendrescher und dem die eigene Häuslichkeit über alles schätzenden Spießer, mit der Stammtischmentalität, die in Heines Sicht das öffentliche Leben in Deutschland wie nirgendwo anders bestimmt.

Doktor Faust

Bereits kurz nach dem Erscheinen des *Atta Troll* begann Heine mit der Arbeit an seinem »Tanzpoem« über den Doktor Faust. Die Anregung zu diesem Ballett ging aus von Benjamin Lumley, dem Direktor des Theaters Ihrer Majestät der Königin von England. Heines »Faust«-Pläne reichen bis in das Jahr 1824 zurück. In diesem Jahr besuchte er auch Goethe und ließ ihn zu dessen Verdruss wissen, dass auch er an eine Bearbeitung des Stoffs denke.

Papierumschlag von Heines Tanzpoem Doktor Faust. Lithographie von Adolph Hornemann, Hamburg 1851

Heine, wohl vertraut mit der volkstümlichen Überlieferung, schrieb das fünfaktige Stück in vergleichsweise kurzer Zeit nieder und sandte bereits Ende Februar 1847 das fertige Manuskript nach London. Obwohl Lumley im April den stattlichen Vorschuss von 6000 Franken an Heine überwies, kam das Ballett nicht zur Aufführung. Einmal erschien wegen einiger frivoler, anstößiger Szenen eine Inszenierung im viktorianischen England allzu gewagt, zum andern gab es gravierende Einwände des Ballettmeisters mit Blick auf die Aufführbarkeit. Auch Laubes Versuche, das Ballett am Wiener Burgtheater unterzubringen, scheiterten.

Heines *Faust* wird durch die erotische Ausstrahlung einer wunderschönen Dame dazu verführt, den Pakt zu unterschreiben. Mephistophela, die an die Stelle von Mephistopheles tritt, erteilt Faust Tanzunterricht und macht ihn so für die Dame begehrenswert. Faust als Schwarzkünstler am herzoglichen Hof, sieht sich bald verstrickt in bacchantische Orgien, die ihn abstoßen und in ihm die Sehnsucht nach der reinen Welt des Griechentums wecken. Mit Helena, deren Bild Mephistophela beschworen hat, verlebt Faust auf einer Insel Stunden höchster Glückseligkeit. Doch das teuflische Gefolge zerstört das Glück. Helena, zu einem Gerippe abgemagert, treibt Faust in die Flucht. Im letzten Akt verliebt sich der Wunderdoktor und Quacksalber Faust noch einmal in eine Bürgerstochter, aber während des Brautzugs verweist Mephistophela in satanischer Schadenfreude auf den abgelaufenen Pakt, verwandelt sich in eine Schlange und erdrosselt Faust.

Weder rauschhafte Sinnlichkeit und antiker Eros, noch die Bürgerliebe begründen ein dauerhaftes irdisches Glück. Immer sieht sich der Glückssucher seinen getäuschten Erwartungen und gescheiterten Wünschen und Hoffnungen gegenüber. Eine zutiefst tragische Welt tut sich auf, Ausdruck einer gewachsenen pessimistischen Lebenseinstellung. Scharf kritisiert Heine in seinen *Erläuterungen* die positive Wendung, die Goethe dem Stoff gegeben hat: »[...] in seinem Faustgedichte nämlich vermissen wir durchgängig das treue Festhalten an der wirklichen Sage, die Ehrfurcht vor ihrem wahrhaftigen Geiste [...]« Besonders zielt die Kritik auf den zweiten Teil ab. »In diesem zweiten Teile befreit Goethe den Nekromanten aus den Krallen des Teufels, er schickt ihn nicht zur Hölle, sondern lässt ihn triumphierend einziehen ins Himmelreich unter dem Geleite tanzender Englein, katholischer Amoretten, und das scheuerliche Teufelsbündnis [...] endigt wie eine frivole Farce [...]«

Titelblatt und Frontispiz zu Heinrich Heine: Der Doktor Faust. Ein Tanzpoem. Zeichnung von Józef v. Divéky, Berlin 1912

Aus Heines Sicht verkehrt Goethe den tragischen Stoff in eine Lebenslüge, die den wirklichen existenziellen Erfahrungen nicht gerecht wird und Hoffnungen vorgaukelt, wo das Scheitern offenbar ist. Von ästhetischer Verklärung aber, wie sie Goethe gestaltet, ist der volkstümliche Stoff weit entfernt.

Die deutsche Buchausgabe des *Doktor Faust* erschien im November 1851. Erfolgreich aufgeführt wurde das gesamte Ballett 1926 in Prag.

Heines Lebensumstände Anfang 1847 erscheinen zufriedenstellend. »Nur meine armen Augen sind sehr leidend«, schreibt er an die Mutter, »so daß ich jetzt sehr schlecht sehe [...]« Finanziell hat sich die Lage nach der Einigung mit Karl Heine günstig entwickelt. Der Vetter ist bereit, Heine bis zu seinem Lebensende 4800 Franken jährlich zu zahlen und seiner Witwe die Hälfte. Um sich zu entspannen und nervlich neue Kräfte zu gewinnen, mietete Heine im März »eine wunderschöne Landwohnung in Montmorency.« Im Mai begab er sich in das Landstädtchen vor den Toren von Paris und genoss dort mit kurzfristigen Unterbrechungen den Frühling und den Sommer. »Ich gehe selten nach Paris, und lebe hier still und friedsam in meiner Ländlichkeit.«

Heinrich Heine. Öl auf Holz von Ary Scheffer, um 1847

Während er in den Briefen an seine Mutter seinen Gesundheitszustand erträglich darstellt, um sie nicht zu beunruhigen, gesteht Heine dem österreichischen Arzt Leopold Wertheim: »Mir geht es so schlecht, oder vielmehr es geht gar nicht mehr; seit vierzehn Tagen sind auch meine Beine und Füße so paralysiert, daß ich nicht das Zimmer verlassen konnte und kaum wenige Schritte zu gehen vermag.«

Ende September reiste Heine zurück nach Paris. In seinen Briefen lässt ihn die Sorge um die eigene körperliche Verfassung nicht los. Gläubig klammert er sich an jeden Strohhalm und lässt dabei eine gewisse Neigung zu euphorischen Einschätzungen erkennen. »Ja, ich bin von Herzen seit 2 Jahren noch nicht so frisch und gesund gewesen wie seit 14 Tagen«, schreibt er Anfang Dezember an die Mutter, »das kommt von einem Kräutertrank, den ich als Cur jetzt trinke [...]« Offenbar aber verschlechterte sich Heines Zustand bald darauf wieder in einem solchen Maße, dass er Anfang Februar den zeitweisen Aufenthalt in einer Privatklinik (maison de santé) für angeraten hielt.

Plünderung des Thronsaals der Pariser Tuilerien in der Februarrevolution 1848. Nach »The Illustrated London News«, 1848

In diese Zeit, Ende Februar 1848 fiel der Ausbruch der Pariser Februarrevolution, getragen von der radikalen Opposition im Verein mit den Kleinbürgern und Arbeitern. Vor dem revolutionären Aufruhr ergriff der Bürgerkönig die Flucht und dankte ab. In der zweiten Republik (1848–52) setzten sich zunächst die radikalsozialistischen Tendenzen durch. Heine, Augenzeuge der Unruhen, schreibt an den Schriftsteller Alfred Meißner: »Sie wissen, daß ich kein Republikaner war [...] was die Welt jetzt treibt und hofft, ist meinem Herzen fremd, [...]« Von den Maßnahmen der neuen republikanischen Regierung war Heine unmittelbar betroffen. Auch seinen Namen fand man auf den Pensionslisten und hatte nichts Eiligeres zu tun, als ihm die Pension zu streichen.

Die Revue Retrospective erfreut sich seit einiger Zeit die republikanische Welt mit der Publikazion von Papieren aus den Archiven der vorigen Regierung, und unter andern veröffentlichte sie auch die Rechnungen des Ministeriums der auswärtigen Angelegenheiten während der Geschäftsführung Guizots. […] Herr Guizot verweigerte jedoch hartnäckig meine Ausweisung und zahlte mir jeden Monath meine Pension, regelmäßig, ohne Unterbrechung. Nie begehrte er dafür von mir den geringsten Dienst. Als ich ihm, bald nachdem er das Portefeuille der auswärtigen Angelegenheiten übernommen, meine Aufwartung machte und ihm dafür dankte, daß er mir trotz meiner radikalen Farbe die Fortsetzung meiner Pension notifiziren ließ, antwortete er mit melancholischer Güte: »Ich bin nicht der Mann, der einem deutschen Dichter, welcher im Exile lebt, ein Stück Brot verweigern könnte.«

Aus Heines Erklärung in der Allgemeinen Zeitung
zu der ihm gezahlten französischen Staatspension

Heinrich Heine. Bleistiftskizze eines unbekannten Künstlers, 1846

Die Faszination Paris ist zu dieser Zeit endgültig verflogen. Die Radikalen und ihr Pathos waren Heine zuwider. »Gerne wollte ich aus dem mich beängstigenden Getümmel des öffentlichen Lebens wegflüchten in den unvergänglichen Frühling der Poesie«, schreibt er in dem erwähnten Brief an Meißner, »wenn ich nur besser gehen könnte und nicht so krank wäre.« Die Desillusionierung Heines war vollkommen. Getäuscht sah er sich in seinen Hoffnungen auf eine fortschreitende humane Veredlung, Hoffnungen, die für ihn zeitlebens Gestalt gefunden hatten in den Götterbildern der griechischen Antike. Doch diese Welt ist längst versunken, eine Wiederauferstehung wird es nicht geben. Helena, die schönste Frau der Antike, ist wie im *Doktor Faust*, nur noch ein Gespenst. Es gilt, Abschied zu nehmen von den Heidengöttern, die vom Olymp zu den Menschen hinab stiegen, den Sinn für Freiheit und Schönheit weckten und den Glauben an die Vergöttlichung des Menschen. Heine, auf schwankenden Beinen, begab sich im Frühjahr noch einmal auf den Weg zu den Ikonen seiner

religiös-heidnischen Überzeugungen. »Es war im Mai 1848, an dem Tage, wo ich zum letzten Mal ausging, als ich Abschied nahm von den holden Idolen, die ich angebetet in den Zeiten meines Glücks. Nur mit Mühe schleppte ich mich bis zum Louvre, und ich brach fast zusammen, als ich in den erhabenen Saal trat, wo die hochgebenedeite Göttin der Schönheit, unsere liebe Frau von Milo, auf dem Postamente steht. Zu ihren

Der Antikensaal des Louvre, worin die Venus von Milo stand

Zeitgenössische Abbildung der Venus von Milo

Nein, meine religiösen Überzeugungen und Ansichten sind frei geblieben von jeder Kirchlichkeit; kein Glockenklang hat mich verlockt, keine Altarkerze hat mich geblendet. Ich habe mit keiner Symbolik gespielt und meiner Vernunft nicht ganz entsagt. Ich habe nichts abgeschworen, nicht einmal meine alten Heidengötter, von denen ich mich zwar ganz abgewendet, aber scheidend in Liebe und Freundschaft.

Nachwort zum Romanzero

Füßen lag ich lange und ich weinte so heftig, daß sich dessen ein Stein erbarmen mußte. Auch schaute die Göttin mitleidig auf mich herab, doch zugleich so trostlos als wollte sie sagen: siehst du denn nicht, daß ich keine Arme habe und also nicht helfen kann?«

Landschaft Le Cannet. Öl auf Leinwand von Auguste Renoir, 1902

»Seit 3 Tagen bewohne ich ein Gartenhaus in Passy, eine halbe Stunde ist dieser Ort von Paris entfernt.« Am 27. Mai 1848 kurz nach seinem Zusammenbruch im Louvre schreibt Heine an seine Mutter und an seine Schwester von seiner Übersiedlung aufs Land, wo er sich in der Ruhe und Abgeschiedenheit vom städtischen Treiben Entspannung und Erholung versprach. Mit Mathilde versteht er sich sehr gut. »Doch soeben haben wir auf demselben Tischchen, wo ich dieses schreibe, sehr gut miteinander gefrühstückt und uns unserer häuslichen Ruhe, auch der schönen Spargel und Erdbeeren, die wir hatten, sehr erfreut.« Doch die Idylle täuscht. Nicht zu verbergen sind die Symptome einer fortschreitenden ernsthaften Erkrankung. Sein »Augenübel« und seine »Gesichtslähmung« lassen Heine nicht mehr los. Passy wird zum Ort der nicht verstummenden Reflexion über den angeschlagenen Gesundheitszustand. Drastisch deutlich wird Heine gegenüber seinem Verleger Campe: »Seit 8 Tagen bin ich ganz und gar gelähmt, so daß ich nur im Lehnsessel und auf dem Bette seyn kann, meine Beine wie Baumwolle und werde wie ein Kind getragen. [...] Meine Blindheit ist noch mein geringstes Übel.« Doch hindert ihn sein schlimmer Zustand nicht daran, mit Campe über die geplante Gesamtausgabe seiner Werke zu verhandeln. Heine schwebt eine Ausgabe von 18 Bänden in Lieferungen von jeweils 3 Bänden vor. Bei all den schmerzvollen Krämpfen, die er zu erleiden

Heinrich Heine. Bleistiftskizze von Ernst Benedikt Kietz, 1851

hat, bleibt sein Geist bemerkenswert klar. Im Stillen fürchtet er, dass er bei gesundem Herzen und Geist länger leben könnte, als er sein Leiden zu ertragen bereit ist. »Dieser lebendige Tod, dieses Unleben, ist nicht zu ertragen«, schreibt er seinem Arztbruder, der aber offenbar auch keinen Rat weiß, wie auch die übrigen von Heine hinzugezogenen Ärzte. »Ich weiß nicht, woran ich bin, und keiner meiner Ärzte weiß es.«

Mathilde Heine. Fotografie, um 1860

Eine Diagnose nach so langer Zeit ist problematisch und mit Sicherheit nicht zu stellen. Vieles aber, die Sehstörungen und die mit schmerzhaften Krämpfen verbundenen Lähmungserscheinungen verweisen auf die multiple Sklerose, eine der häufigsten Krankheiten des Nervensystems mit verstreut im Rückenmark und im Gehirn verbreiteten Krankheitsherden. Tatsächlich klagt Heine ja immer wieder über Kopfschmerzen und Rückenprobleme. Die Unfähigkeit, sich zu bewegen und zu gehen, sind die Spätfolgen eines bösartigen Krankheitsverlaufs. Zu Heines Zeit indes war die Krankheit noch nicht entdeckt, so dass man den Leiden des Erkrankten ohnmächtig gegenüber stand.

La gare Saint-Lazare. Öl auf Leinwand von unbekanntem Künstler, um 1845

Im September verließ Heine Passy, da ihm die ländliche Lebensweise offenbar keine Linderung verschaffte. In Paris bezog er eine Wohnung in der Rue d'Amsterdam, am heutigen Gare St. Lazare, seine »Matrazengruft«, wo er fortan ein zurückgezogenes Leben führte, aufgeheitert durch den gelegentlichen Besuch von Bekannten und Freunden.

Romanzero

Auf seinem Krankenlager entsteht Heines bedeutendste und geschlossenste Gedichtsammlung. Der *Romanzero* (1851), ein lyrisches Triptychon, umschließt mit seinen beiden Seitenstücken, den *Historien* und den *Hebräischen Melodien,* den zentralen Mittelteil der *Lamentationen.* Strukturbildend ist die Verbindung geschichtlicher, gesellschaftlicher und geistig-religiöser Objektivität mit der Erlebnisweise des Subjekts, das sich dem Kollektiven gegenüber souverän behauptet. Die »Matrazengruft«, der Innenraum des auf sich selbst zurückgeworfenen Einzelnen, wird zum Ort des lyrischen Ichs, das sich monologisierend des eigenen Standorts vergewissert und das scheinbar objektiv Bestimmende relativiert.

Charakteristisch ist der Romanzenton, die jeweils subjektive Pointierung des objektiv Gegebenen. Anders als die Ballade mit ihrer betonten Distanzhaltung mischt sich in der Romanze das darstellende Ich überall ein und stellt das scheinbar fraglos Gültige in Frage. Dabei tritt das Epische immer mehr hinter dem Lyrischen zurück.

Die *Historien* entwerfen ein ironisches Bild der Weltgeschichte. Immer triumphiert das Unwürdige, moralisch Anrüchige. Der ägyptische König Rhampsenit vermählt seine einzige Tochter mit dem Dieb, der ihm seine Juwelen geraubt und seine Tochter entjungfert hat und macht ihn zu seinem Nachfolger auf dem Thron. Der Lump wird hoffähig und avanciert zu einem der erfolgreichsten Könige.

In der Romanze *Das Schlachtfeld bei Hastings,* wo die Normannen die Sachsen besiegen, ergreift der Chronist Partei für die Opfer:

Gefallen ist der bessre Mann,
    Es siegte der Bankert, der schlechte,
    gewappnete Diebe verteilen das Land
    Und machen den Freiling zum Knechte.

Allzu oft triumphieren in der Geschichte die Schlechteren über die Besseren, hier die Vertreter autoritärer Macht über die vor ihrer Niederlage in Freiheit Lebenden. Die Geschichte weist den Weg in die Unterdrückung des Menschen. Immer unterliegt das Schöne dem brutalen Zugriff der Mächtigeren.

Den erbarmungslosen Angriffen der katholischen Heere muss schließlich auch der letzte Maurenkönig in Granada weichen (*Der Mohrenkönig*). Eine überlegene Kultur versinkt unter den Schlägen einer religiös motivierten Gewalt. Wie im alten Europa geht es auch in der neuen Welt zu. Die Spanier unter Cortez überfallen das Reich der nichts Böses ahnenden Azteken, plündernd und tötend.

> Dieser unzivilisierte,
> Abergläubisch blinde Heide
> Glaubte noch an Treu' und Ehre
> Und an Heiligkeit des Gastrechts.

Porträt eines maurischen Königs im Sal de los reyes in der Alhambra

Menschlich sind die Heiden den Christen weit überlegen. Aber gerade ihre Menschlichkeit liefert sie hilflos der Habgier und der Brutalität der Eindringlinge aus.

Unsterblich scheinen die Vertreter autokratischer Macht. Marie Antoinette und ihre Hofdamen, die ihre Köpfe unter der Guillotine verloren haben, führen ihr Leben gespenstisch fort und scheinen nun mit dem Steiß zu lächeln. Die Revolution hat die absolutistische Macht nicht liquidiert. Immer wieder scheinen ihre Wiedergänger zu überleben.

Wie der politische Absolutismus fordert auch der Katholizismus die absolute Unterwerfung des Menschen. In dem Gedicht *Himmelsbräute* sind die Nonnen, die der fleischlichen Versuchung erlegen sind, dazu verurteilt, als gespenstische Wiedergängerinnen umher zu irren. Unnachgiebig ist das Sittengebot einer Religion, die die Nächstenliebe und die Vergebung predigt, aber diejenigen unversöhnlich bestraft, die eine wirkliche Erfüllung auch in der körperlichen Zuwendung suchen. Absolutismus und Katholizismus stützen sich gegenseitig. Beide engen den freiheitlichen Bewegungsraum des Menschen ein und verhindern eine ganzheitliche Entfaltung. Der Mächtige von Gottes Gnaden ist Zwingherr des Menschen.

Längst versunken ist die antike Welt mit ihrer Sinnlichkeit und Schönheit. Im Gedicht *Der Apollogott* fühlt sich

Letzte Gedichte, Marie Antoinette, Illustration von Edmund Brüning

Die neun Musen. Römischer Marmorsarkophag, um 150 n. Chr.

eine Nonne überwältigt von dem Anblick eines schönen gelockten Jünglings, der in einem Boot mit den Musen (»Neun marmorschöne Weiber«) auf dem Rhein vor dem hochgelegenen Kloster vorübertreibt. Seine betörenden Lieder dringen tief ins Herz der einsam Lauschenden ein. Aber der Jüngling, hinter dem sich offenbar niemand anders als Apoll, der Gott des Gesangs und der Schönheit verbirgt, singt von einer Welt, die einmal war.

> Ich sang – und wie Ambrosia
> Wohlrüche sich ergossen,
> Es war von einer Gloria
> Die ganze Welt umflossen.

Zutiefst berührt von dem Zauber dieser versunkenen Welt, wie er noch in den Liedern nachtönt, begibt sich die Nonne auf die Suche nach ihrem »Abgott«. Von einem alten Juden erfährt sie schließlich, dass es sich bei ihrem Apoll um den Synagogenvorsänger Rabbi Faibisch handelt, der mit Frauen aus dem Lustgewerbe auf den Jahrmärkten tingelt und die Rolle des griechischen Gotts spielt. Das, was einst betörend schön und die Welt göttlich verklärt erscheinen ließ, ist zum Tingeltangel verkommen. Und doch klingt selbst noch in solcher Aufführung etwas von dem Zauber jener versunkenen Welt nach. Der Legende und der Mythologie gehört die Geschichtsphase menschlicher Erfüllung an. Wirklich ist die geschichtliche Gegenwart der Unterdrückung und Verarmung des Menschen. Die *Historien* entwerfen ein desillusionierendes Geschichtsbild, das den Menschen einer wahrhaft humanen Zukunft beraubt.

Der abschließende zweite Seitenteil thematisiert die

Kräfte des Geistes und des Glaubens. Der Titel *Hebräische Melodien* verweist auf die vorrangige Auseinandersetzung mit der jüdischen Religion. Das Einleitungsgedicht *Prinzessin Sabbat* handelt von der Vermählung der Prinzessin mit dem Prinzen Israel. Doch immer nur am Freitagabend, wenn die Sabbatzeit beginnt, erhält der Prinz seine schöne menschliche Gestalt zurück. An allen andern Tagen muss er, verwunschen durch den Zauber einer Hexe, sein Leben als Hund fristen und durch »des Lebens Kot und Kehricht« »mit hündischen Gedanken« kötern.

Prinzessin Sabbat.
In Arabiens Märchenbuche
Sehen wir verwünschte Prinzen,
Die zuzeiten ihre schöne
Urgestalt zurückgewinnen:

Das behaarte Ungeheuer
Ist ein Königssohn geworden;
Schmuckreich glänzend angekleidet,
Auch verliebt die Flöte blasend.

Doch die Zauberfrist zerrinnt,
Und wir schauen plötzlich wieder
Seine königliche Hoheit
In ein Ungetüm verzottelt.
Drittes Buch. Hebräische Melodien

Widerspruchsvoll, verkörpert im Prinzen Israel, erscheint das Judentum zwischen menschlicher und hündischer Gestalt. Das ursprünglich Edle verkommt immer wieder zum absolut Unedlen und Unreinen. Ähnlich widersprüchlich ist die Darstellung der Prinzessin Sabbat, die personifizierte Ruhe und Gelassenheit. Ihr Abscheu vor Geisteskämpfen, Debatten und jeder Form von Pathos, hindert sie nicht an der fanatischen Verurteilung der griechischen Heidengötter als »verkappte Teufel«. Ihre intolerante Unduldsamkeit scheint ihr erklärtes Bekenntnis zum Sabbatfrieden Lügen zu strafen. Unausrottbar ist offenbar der religiöse Fanatismus, erwachsen aus der Überschätzung des eigenen Glaubens. Eine im ganzen ernüchternde Darstellung jüdischer Religiosität, deren Fragwürdigkeit in der *Disputation*, dem abschließenden Gedicht der *Hebräischen Melodien* noch einmal bekräftigt wird.

Nach einem zwölfstündigen Streitgespräch zwischen den Juden und den Christen in der Aula von Toledo urteilt die Königin:

»Welcher recht hat, weiß ich nicht –
Doch es will mich schier bedünken,
Daß der Rabbi und der Mönch,
Daß sie alle beide stinken.«

Die Religionen geben keine ethische Orientierung mehr, sondern verlieren sich in endlosen Streitereien. Ähnlich wie im ersten, herrscht auch im zweiten Seitenstück das satirische Prinzip der Verschiebung ins Negative. Wie die Geschichte den Menschen Frieden und Freiheit vorenthält, so erweist sich der Glaube als unfähig, sittlich zu überzeugen und zu versöhnen. Aggressive Intoleranz und besserwisserischer Fanatismus triumphieren über das Verlangen des Menschen nach Freiheit und geistiger Orientierung. Das Mittelstück der *Hebräischen Melodien* bildet das umfangreiche Gedicht *Jehuda ben Halevy*. Gemeint ist der vor 1085 in Toledo geborene und 1141 gestorbene jüdische Troubadour. In seinem Auserwähltsein zum Dichter und seinem Leiden an der Welt wird er zum Selbstbild Heines. Schicksalhaft muss er seiner Berufung folgen und ertragen, was ihm zugefügt wird.

Hebräische Melodien. Disputation. Illustration von H. Tischler

Wie im Leben, so im Dichten
Ist das höchste Gut die Gnade –
Wer sie hat, der kann nicht sünd'gen
Nicht in Versen, nicht in Prosa.

Solchen Dichter von der Gnade
Gottes nennen wir Genie:
Unverantwortlicher König
Des Gedankenreiches ist er.

Nur dem Gotte steht er Rede,
Nicht dem Volke – In der Kunst
Wie im Leben kann das Volk
Töten uns, doch niemals richten. –

Das Dichtertum ist eine geistige Enklave in einer im Grunde geistlosen und geistfeindlichen Welt. Zu dem satirischen tritt der elegische Ton, der Spott mündet in die Trauer über einen Zustand, in dem der Mensch hoffnungslos hinter seinen Möglichkeiten zurückbleibt.

Das Herzstück des *Romanzero* bilden die *Lamentationen,* denen schon allein durch ihre Stellung als Mittelstück besondere Bedeutung zukommt. In ihrer Aussagetendenz lehnen sie sich an die biblischen Klagelieder des Jeremias. Zwischen den Kräften der Geschichte und des Glaubens steht der auf sich selbst zurückgeworfene Mensch, die Einzelpersönlichkeit. Desillusioniert von den kollektiven Mächten, findet der Einzelne auch angesichts seines kreatürlichen Schicksals keinen Trost.

Versunken ist die Zeit der Jugend, der Poesie und der Romantik. Die glücklichen Feen haben sich längst verabschiedet, und die Nixe flieht entsetzt vor dem Dichter, als sei ihr ein Gespenst erschienen (*Waldeinsamkeit*). Ein untröstlicher Katzenjammer ergreift den, dem alle Wege zum Glück abgeschnitten sind.

> Ach, in Wermut hat verkehrt
> Sich der Nektar! Ach wie quälend
> Katzen-Jammer, Hunde-Elend
> Herz und Magen mir beschwert!

Die Klage des um sein Lebensglück betrogenen Subjekts gipfelt in dem zwanzig Gedichte umfassenden Lazarus-Zyklus, dem todtraurigen Finale der *Lamentationen*. Lazarus, der mit Schwären Bedeckte wird zur Selbstfiguration des leidenden Heine. Er, der von Jesus wieder zum Leben erweckt wurde, ist Anlass, die tragische Erfahrung menschlicher Existenz auszuloten und die Tragfähigkeit christlicher Verheißungen zu prüfen. Die Struktur des Zyklus ist bestimmt von den göttlichen Tugenden des Glaubens, der Liebe und der Hoffnung. Die Gedichte I-VII stehen ganz im Zeichen der Erörterung des Jenseitsglaubens.

> Jetzt bin ich müd' vom Rennen und Laufen
> Jetzt will ich mich im Grabe verschnaufen,
> Lebt wohl! Dort oben, ihr christlichen Brüder,
> Ja, das versteht sich, dort sehn wir uns wieder.

Unüberhörbar ist die Ironie. Was so selbstverständlich scheint, ist im Grunde höchst zweifelhaft. Das eingeschobene, floskelhafte »Ja, das versteht sich« entlarvt den Glauben an die Auferstehung als ein bloßes, nur in Worten bestehendes Wunschdenken. Zu einem komisch satirischen Theater verkommt die Auferstehung in dem gleichnamigen Gedicht:

> Das Böcklein zur Linken, zur Rechten das
> Schaf,
> Geschieden sind sie schnelle;
> Der Himmel dem Schäfchen fromm und
> brav,
> Dem geilen Bock die Hölle!

Wie der Glaube mit seinen Kerninhalten verspottet und als haltlose Spekulation bloßgestellt wird, so erweist sich auch die Liebe in den Gedichten IX-XV als flüchtig und wenig tragfähig. Zurück bleibt jeweils der Leidende in seiner unaufhebbaren Einsamkeit, allein mit seinem Sterben. Das Glück, das einmal nahe war, zerplatzt wie eine Seifenblase. Der herannahende Tod macht alles zunichte, auch die Liebe, die sich auf ihrem Höhepunkt unsterblich wähnte.

Thanatos. Illustration von Edmund Brüning

> Das ist der böse Thanatos,
> Er kommt auf einem fahlen Roß;
> Ich hör' den Hufschlag, hör den Trab,
> Der dunkle Reiter holt mich ab –
> Er reißt mich fort, Mathilden soll ich lassen,
> O, den Gedanken kann mein Herz nicht
> fassen!

Auch die dritte der göttlichen Tugenden, die Hoffnung, verstummt angesichts des realen Leidens. Wo sich stets alles zum Schlimmstmöglichen wendet, ist es unmöglich, auf Besserung zu hoffen. Das Hässliche löscht das Schöne aus, das Hohe sieht sich überwältigt vom Niedrigen, der Tod erstickt das Leben.

> Es ist dasselbe Schicksal auch –
> Wie stolz und frei die Fahnen fliegen,
> Es muß der Held nach altem Brauch
> Den tierisch rohen Mächten unterliegen.

Der wirklich Leidende ist von allen guten Geistern und von Gott verlassen. Göttliche Gnade zerrinnt zur frommen Illusion. Dem Leidenden entgleitet die Welt, die den Glauben ad absurdum führt, die Liebe tötet und die Hoffnung endlos scheitern lässt. Heine reißt dem in die Isolation geflüchteten Subjekt die Maske vom Gesicht und konfrontiert es mit seiner Verzweiflung, mit der Unmöglichkeit, Ich und Welt zu versöhnen, um die furchtbare Einsamkeit des Individuums und sein sinnloses Ende aufzuheben.

Am Ende steht wie im Schlussgedicht des *Romanzero* das *enfant perdu,* das einmal aufgebrochen war, für die Freiheit des Menschen zu kämpfen, und um Glaube, Liebe und Hoffnung betrogen, unheilbar zugrunde gerichtet ist, wie seine Ideale und Visionen. Für den geschichtlichen Lazarus wird es keine Wiedererweckung, keine Auferstehung geben.

Noch im Erscheinungsjahr 1851 folgten drei Auflagen des *Romanzero,* begleitet von Besprechungen in den wichtigsten Organen, aber auch von Verboten in einigen Bundesländern, u.a. in Preußen und Bayern. Heines Gesundheitszustand ist weiterhin bedenklich. Seinem Bruder Gustav schreibt er im November 1851:

»Ich befinde mich sehr schlecht und das Diktieren wird mir wegen meiner Kopfkrämpfe sehr schwer. Ich bereite mich ernstlich zum Schlimmsten [...]« Erstaunlich sind die Arbeitskraft und der Arbeits-

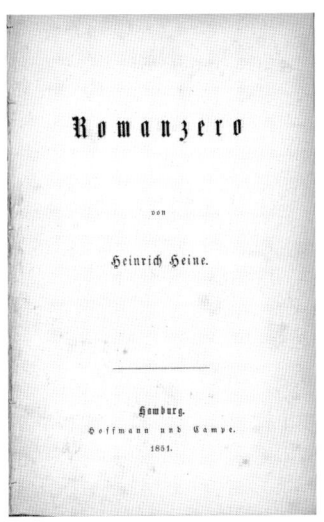

Romanzero. Ausgabe von 1851 bei Hoffmann und Campe in Hamburg

wille Heines. Es entstehen weitere Gedichte. Daneben arbeitet er vor allem an den *Vermischten Schriften*. Besuche empfängt er in dieser Zeit u.a. von Hector Berlioz, Franz Dingelstedt und dem westfälischen Autor Georg Weerth, einem Geistesverwandten Heines. Sein Arzt-

Da schlugen wir Ihren »Romanzero« auf und lasen den ganzen Nachmittag, den Abend und bis in die Nacht, wo wir mit der Disputation des Rabbi und Frater Joses schlossen und unter solchem Lachen und solcher Heiterkeit voneinander schieden, daß die Quäker und Methodisten von den Kaminen und aus den Betten geflogen sein werden, schnaubend und prustend ob solcher späten Entweihung des Sabbats.

Georg Weerth an Heinrich Heine. 17. November 1851

bruder riet ihm dringend ab von der Einnahme vielleicht nur belastender und schädlicher Medikamente und empfahl ihm ausgedehnte Aufenthalte in der frischen Luft. Dies mag Heine letztlich dazu bewegt haben, seine Wohnung in Paris aufzugeben und Ende August 1854 nach Battignolles am Stadtrand von Paris zu ziehen. Ausführlich berichtet er seiner Mutter von der Ortsveränderung: »Ich habe nämlich meine alte Wohnung in Paris ganz aufgegeben, und ich wohne jetzt nahe bei der Barrière von Paris, in einem Hause, welches ich ganz allein okkupiere und wozu ein ganz großer Garten mit ganz großen Bäumen gehört und wo ich die schöne Jahreszeit aufs kostbarste genießen kann. Ich habe [...] die größten Geldopfer aufgewendet, und bereue es wahrlich nicht, da meine Gesundheit so außerordentlich dadurch gefördert wird [...]. Du hast keinen Begriff, liebe gute Mutter, wie sehr die gute Luft und der Sonnenschein [...] mir wohl tut. Gestern saß ich wohler als je unter den Bäumen meines eigenen Gartens und aß die schönen Pflaumen, die mir überreif fast ins Maul fielen.«

Sein Wunsch, die Mutter zu beruhigen, aber wohl auch die bekannte euphorische Neigung bei an Multipler Sklerose Erkrankten bewogen Heine, ein im ganzen positives Bild seines Gesundheitszustands zu zeichnen. Tatsächlich scheint sich für eine kurze Zeit ein gewisses Wohlgefühl eingestellt zu haben.

Aber die gute Stimmung erweist sich immer wieder als äußerst gefährdet und labil. Eine hartnäckige Halsentzündung, die Heine erlitt, genügte bereits, das scheinbare Wohlbefinden erheblich zu beeinträchtigen. Verantwortlich war offenbar die allzu feuchte Wohnung, deren Nachteile sich bei beginnendem Herbst bemerkbar machten. Angesichts des Winters schien sie gänzlich unbewohnbar. Die neue Wohnung, von Heine zunächst enthusiastisch gelobt, ist »leider mit dem Fehler behaftet«, schreibt Heine an Campe, »daß sie im Winter etwas feucht und kalt sein wird, und ich deshalb auf eine Umsiedlung bedacht sein muß. Neue Quälnisse und, was noch schlimmer ist, neue Kosten, die mich wieder aufs neue ruinieren.« Einen Tag, nachdem er gekündigt hat, am 3. Oktober, schreibt Heine noch einmal an Campe: »Ich kann die Bogen nicht lesen, da ich äußerst leidend bin und eine Halsentzündung bekommen habe durch die Kälte und Feuchtigkeit meiner neuen Wohnung. Noch außer den ungeheuren Unkosten habe ich fatale Streitigkeiten, noch vor dem Ausziehen [...]« Noch in Battignolles erlebte Heine das Erscheinen seiner *Vermischten Schriften* in drei Bänden.

Vermischte Schriften

Mit Bedacht eröffnet Heine den 1. Band seiner *Vermischten Schriften* mit den *Geständnissen,* seinem wohl persönlichsten Werk mit betont bekenntnishaften Tendenzen. Erhellend sind die Ausführungen für die Entwicklung des Heineschen Denkens unter öffentlichem und privatem Einfluss. Einsichtig wird gerade hier die

> Ja, ich bin froh, meiner angemaßten Glorie entledigt zu sein, und kein Philosoph wird mir jemals wieder einreden, daß ich ein Gott sei! Ich bin nur ein armer Mensch, der obendrein nicht mehr ganz gesund und sogar sehr krank ist. [...] Ja ich will alles gestehen, ich bekam auf einmal eine große Furcht vor den ewigen Flammen – es ist freilich ein Aberglaube, aber ich hatte Furcht – und an einem stillen Winterabend, als eben in meinem Kamin ein starkes Feuer brannte, benutzte ich die schöne Gelegenheit, und ich warf mein Manuskript über die Hegelsche Philosophie in die lodernde Glut; die brennenden Blätter flogen hinauf in den Schlot mit einem sonderbaren kichernden Geknister.
>
> *Vermischte Schriften. I. Geständnisse*

in allen Werken dominant Struktur bildende subjektive Perspektive, die Heine zu einem bedeutenden Lyriker und Essayisten machte. Noch einmal bekennt er sich eingangs zur Romantik, als deren letzten Dichter er sich sieht. Hinüber gerettet in eine neue Zeit hat er einiges von ihrem visionären Schwung, nur dass er ihre geistige Orientierung öffnet für die reale Lebenswelt, die im bloß Materiellen zu ersticken droht. Sein Engagement gehört weiterhin den Revolutionsideen der Freiheit, Gleichheit und Brüderlichkeit, aber die Zeiten haben sich geändert, der produktive Reformgeist von einst scheint vor der platten Habgier zu kapitulieren. Angst ergreift den Intellektuellen vor »dem schauderhaft nacktesten Kommunismus«. Es ist die »geheime Angst des Künstlers und des Gelehrten, die wir unsre ganze moderne Zivilisation, die mühselige Errungenschaft so vieler Jahrhunderte, die Frucht der edelsten Arbeiten unserer Vorgänger, durch den Sieg des Kommunismus bedroht sehen.« Kein Zweifel, das Volk, oder der »Pöbel«, wie andere sagen, ist schmutzig, hässlich und dumm. »Ganz besonders empfindet der Dichter ein unheimliches Grauen vor dem Regierungsantritt des täppischen Souveräns.« Ein menschenwürdiges Gemeinwesen setzt eine grundlegende Reform des Volkes voraus. Hygiene, soziale Versorgung und öffentliche Schulen weisen den Weg in eine wirklich humane Gesellschaft.

Arbeiter vor dem Magistrat. Öl auf Leinwand von Johann Peter Hasenclever, 1849–1850

Weiterhin engagiert sich Heine für die sozial Schwachen, aber nicht, indem er ihnen wie ihre selbst ernannten Führer nach dem Mund redet, sondern, indem er deutlich macht, wie aus Vertretern des Volkes Menschen zu gestalten sind. Der Mensch ist nicht von sich aus göttlich, wie es Hegel nach dem Urteil Heines behauptet hat, vielmehr bedarf es einer gewaltigen geistigen Anstrengung, das Göttliche aus dem Menschen heraus zu holen. Gott ist für Heine synonym für die geistige Existenz, für das Bekenntnis zur Wissenschaft, zur Schönheit und zur Poesie. Am weitesten vom Göttlichen ist nach deren Verständnis der Materialist entfernt. Religion bedeutet für Heine nichts anderes als Rückbindung des Menschen an seine geistige Bestimmung. Nur sie kann ihm Halt geben angesichts seines körperlichen Leidens und Verfalls, die ihn immer wieder von Grund auf in Frage stellen. »Ich kann mit Romeo sagen: ich bin der Narr meines Glücks. Ich stehe jetzt vor dem großen Breinapf, aber es fehlt mir der Löffel.« Heines Menschenbild ist im Ganzen bescheidener geworden. Großartig ist das Leben, aber mehr und mehr schrumpfen die Möglichkeiten des Einzelnen, es in vollen Zügen zu genießen. Der impotente Mensch aber vor den Möglichkeiten des Lebens, ist eine komische Figur, ein Narr, der tragikomisch ewig Scheiternde.

Mit der Frage nach dem Ort des Göttlichen im menschlichen Leben ist auch der zweite Beitrag *Die Götter im Exil* befasst. Behandelte Heine in den *Elementargeistern* vor allem die Fabelwesen germanisch-nordischer Mythologie, so wendet er sich hier ausschließlich den griechisch-römischen Göttern zu. Von den Christen verteufelt und vertrieben, sind sie ins Exil abgetaucht. Gemäß ihrer Eigenschaften erfüllen sie Aufgaben in der menschlichen Gesellschaft. Apoll ist Hirte, Mars Scharfrichter in Padua geworden, Merkur ein holländischer Kaufmann und Jupiter, der alte Gott, hat sich auf der Kanincheninsel zur Ruhe gesetzt. Der schnurrig heitere Umgang mit den antiken Göttern verweist auf ihren hohen Grad an Integrationsfähigkeit in die menschliche Gemeinschaft, der sie auf Grund ihrer Eigenschaften von vornherein nahe standen. Während der christliche Gott in seiner unvorstellbaren Vollkommenheit unnahbar bleibt, ein deus absconditus, zeigen die Gottheiten des Altertums ein durchaus

An jeder Größe auf dieser Erde nagen die heimlichen Ratten, und die Götter selbst müssen am Ende schmählich zu Grunde gehen. So will es das eiserne Gesetz des Fatums, und selbst der Höchste der Unsterblichen muß demselben schmachvoll sein Haupt beugen.
Vermischte Schriften I. Die Götter im Exil

menschliches Gesicht, zugetan den sinnlichen Freuden und leidenschaftlich entzündbar.

In der Ballettskizze *Die Göttin Diana,* ein Nachtrag zu den *Göttern im Exil,* stehen sich in einem Pas de deux Diana und die Ehefrau gegenüber. »Diana gebietet allgemeine Stille, tanzt ihren göttlich edelsten Tanz und gibt dem Ritter durch Gebärden zu erkennen, dass sie nach dem Venusberge fahre, wo er sie später wieder finden könne. Die Burgfrau lässt endlich in den tollsten Sprüngen ihrem Zorn und ihrer Entrüstung freien Lauf und wir sehen ein Pas de deux, wo griechisch heidnische Götterlust mit der germanisch spiritualistischen Haustugend einen Zweikampf tanzt.« Im Ballett siegt die heidnische Lust über die christliche Prüderie, die erlesene Sinnlichkeit über die leibfeindliche Tugend.

Auf den ersten Blick will das abschließende Stück *Ludwig Marcus* nicht in den Kontext des ersten Bandes passen. Heine gedenkt hier eines jüdischen Kommilitonen aus der Berliner Studienzeit, der sich ein erstaunliches Wissen aneignete, insbesondere in der Geographie und der Kulturgeschichte. In Paris trifft Heine Marcus nach langen Jahren wieder. Mitten in einem Werk über Abessinien erleidet Marcus einen schweren Wahnsinnsanfall, dem er bald darauf erliegt. Was Heine herausforderte, war das polyhistorische Profil des Gelehrten. »Alles, was Marcus wußte, wußte er nicht lebendig organisch, sondern als tote Geschichtlichkeit, die ganze Natur versteinerte sich ihm, und er kannte im Grunde nur Fossilien und Mumien.«

Wie der Materialismus der Kommunisten das Geistige missachtet, das Christentum die lebensfrohen antiken Götter verteufelt, so lässt das tote Wissen die lebendige Natur erstarren. Heines erster Band der *Vermischten Schriften* ist ein Plädoyer für ein ästhetisches, Körper und Geist harmonisch umfangendes, ganzheitliches Menschenbild, die Summe seines humanen Engagements.

Der zweite und dritte Band der *Vermischten Schriften* enthält unter dem Titel *Lutezia* – Heine spielt auf den

Lutèce. Die französische Ausgabe, Paris 1855

alten Namen für Paris an – Berichte über Politik, Kunst und Volksleben für die Augsburger *Allgemeine Zeitung* aus den Jahren 1840 bis 1843. Dabei handelt es sich zum Teil um politisch und stilistisch deutlich bearbeitete Korrespondenzen. Heine schildert zunächst die Geschichtsphase des juste milieu, des Juli-Königtums. Doch seine anfängliche Sympathie schlägt nicht zuletzt unter dem Einfluss der Junghegelianer und Karl Marx' bald in Skeptizismus um. Der an die Stelle der Aristokratie getretene Geldadel entpuppt sich

N.N. Shukow, Heinrich Heine zu Besuch bei Karl Marx und dessen Frau Jenny in Paris 1848

als ein entschiedener Gegner der Republik ohne den Willen zu sozialer Gerechtigkeit. Bedenklich ist das Heraufziehen einer allmächtigen Großbourgeoisie.

Neben den politischen Beiträgen entfaltet sich ein detailliert und kenntnisreich gezeichnetes kulturelles Panorama. Ausführlich geht Heine auf zeitgenössische französische Autoren wie Balzac, Gautier, Hugo, Lamartine, Sand, Scribe u.a. ein. Regen Anteil nimmt er am Musikleben. Chopin, Donizetti, Liszt, Mendelssohn, Rossini, Meyerbeer, Wagner und Johann Strauß-Vater werden eingehend gewürdigt.

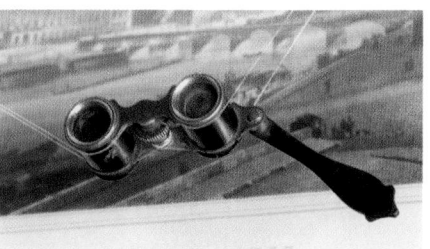

Opernglas aus Heines Besitz

Im *Préface* zur französischen Ausgabe der *Lutèce* setzt sich Heine noch einmal mit seiner Einstellung zum Kommunismus und zu dessen Analogismus zur Bourgeoisie auseinander. Unaufhaltsam scheint der Prozess der Zertrümmerung der schönen Marmorbilder, ein Prozess für den eine selbstsüchtige, ausbeuterische bürgerliche Gesellschaft die Verantwortung trägt. Heine hat sich zeitlebens von den

> Um die betrübsamen Berichterstattungen zu erheitern, verwob ich sie mit Schilderungen aus dem Gebiete der Kunst und der Wissenschaft, aus den Tanzsälen der guten und der schlechten Societät, und wenn ich unter solchen Arabesken manche närrische Virtuosenfratze gezeichnet, so geschah es nicht, um irgend einem längst verschollenen Biedermann des Pianoforte oder der Maultrommel ein Herzeleid zuzufügen, sondern um das Bild der Zeit selbst in seinen kleinsten Nüancen zu liefern.
>
> *Vermischte Schriften II. Lutezia. I. Zueignungsbrief*

Kommunisten distanziert, ohne sich allerdings jemals vor der tatsächlichen sozialen Not zu verschließen. Der Kampf für soziale Gerechtigkeit gegen den Absolutismus ist unausweichlich. Über die alte Gesellschaft heißt es im französisch geschriebenen Vorwort: »Elle est depuis longtemps jugée, condamnée, cette vieille société [...]. Qu'il soit brisé ce vieux monde, où l'innocence a péri, où L' égoisme a prospéré, oú L'homme a été exploité par l'homme!« (Sie ist schon lange gerichtet, verdammt, diese alte Gesellschaft. Mag sie zerbrochen werden, diese alte Welt, wo die Unschuld zugrunde gegangen, die Selbstsucht gediehen und der Mensch vom Menschen ausgebeutet worden ist.)

Dem ersten Band der *Vermischten Schriften* hatte Heine ursprünglich Gedichte aus den Jahren 1853/54 hinzugefügt. Heraus ragen Gedichte wie *Affrontenburg*, gemeint ist das Landhaus von Salomon, wo Heine manchen persönlichen Affront hinzunehmen hatte, der ihn zeitlebens mit unüberwindbarer Abneigung gegen die Verwandtschaft erfüllte. Schon damals wurde in ihm der Wunsch wach, wie die Schiffe auf dem Meer sein Glück in der Ferne zu suchen, auszubrechen aus dem Kreis der spießigen Verwandten. Kritik an der Beschränktheit und der Untertanenmoral beherrscht

Place du Théâtre-Français in Paris. Frühling. Öl auf Leinwand, C. Pissarro, April 1898

auch das Gedicht *Erinnerungen aus Krähwinkels Schreckentagen:*

> Wer auf der Straße räsoniert,
> Wird unverzüglich füsiliert,
> Das Räsonieren durch Gebärden
> Soll gleichfalls hart bestrafet werden.

> »Vertrauet eurem Magistrat,
> Der fromm und liebend schützt den Staat
> Durch huldreich hoch wohlweises Walten,
> Euch ziemt es, stets das Maul zu halten.«

Letzte Gedichte. Affrontenburg. Illustration von Edmund Brüning

Vom Charakter her schlagen die Gedichte den Bekenntniston der *Geständnisse* an und färben ihn um einiges persönlicher ein. Dies gilt insbesondere für Heines zweiten *Lazarus*-Zyklus, der den künstlerischen Höhepunkt der Gedichte innerhalb der *Vermischten Schriften* darstellt. Eindrucksvoll ist das Abschlussgedicht *Morphine*, in dem Heine auf das Morphium eingeht, das ihm in der letzten Phase seiner Krankheit gereicht wurde.

Epilog

Unser Grab erwärmt der Ruhm.
Thorenworte! Narrentum!
Eine bessre Wärme gibt
Eine Kuhmagd, die verliebt
Uns mit dicken Lippen küßt
Und beträchtlich riecht nach Mist.
Gleichfalls eine bessre Wärme
Wärmt dem Menschen die Gedärme,
Wenn er Glühwein trinkt und Punsch
Oder Grog nach Herzenswunsch

Nachlese. Zweites Buch.
Vermischte Schriften

> Dann mocht es wohl geschehn, daß sein Hauptes
> Mohnblumenkranz auch meine Stirne berührte
> Und seltsam duftend allen Schmerz verscheuchte
> Aus meiner Seel'. – Doch solche Linderung,
> Sie dauert kurze Zeit, genesen gänzlich
> Kann ich nur dann, wenn seine Fackel senkt
> Der andre Bruder, der so ernst und bleich.–
> Gut ist der Schlaf, der Tod ist besser – freilich
> Das beste wäre, nie geboren sein.

Verloren geht der beste …
Letzte Gedichte und Gedanken

Heinrich Heine. Bleistiftzeichnung von Marcellin-
Gilbert Deboutin, 1853

An die Mouche.
Liebste holde Freun-
din
Ich danke für die
süßherzlichen Zeilen
– bin froh, dass Sie
wohl sind. – Ich lei-
der bin immer sehr
krank – Schwach und
unwirsch – Manch-
mal bis zu Thränen
über den geringsten
Schicksalsschaber-
nack affizirt, – Jeder
Kranke ist ein Gana-
sche. Ungern lasse
ich mich in solchen
miserablen Zustande
sehen – aber bald –
[…] H.H.
Briefe. Paris 1855

Elise Krinitz, die Mouche
(1828–1896)

Im November 1854 kehrte Heine in die Hauptstadt zurück. Die Wohnung in der Avenue Matignon an den Champs Élysées sollte seine letzte Wohnung in Paris sein. »[…] erst gestern bin ich glücklich in meiner neuen Wohnung angekommen«, schreibt Heine am 7. November an seine Mutter. »Es war eine Reise von etwa 2 Stunden, wobei ich aber vom schönsten Wetter begünstigt wurde.« Heines Gesundheitszustand erweist sich als äußerst labil. Praktisch ohne Widerstandskräfte, leidet er unter Ausfallserscheinungen, heftigen Krämpfen und Schmerzen. Ein Lichtblick in dieser Zeit ist die Begegnung mit der deutschen Schriftstellerin Elise Krinitz (1828–1896), von Heine später liebevoll »Mouche« genannt. Voller Bewunderung für seine Werke, bittet sie Mitte Juni 1855 um einen Besuch bei ihm. Von nun an sehen sie sich öfter und getragen von gegenseitigem Verständnis entwickelt sich eine späte erotische Freundschaft. Offen und schonungslos spricht Heine in seinen Briefen an sie von seiner Krankheit und von der Gewissheit, dass es mit ihm zu Ende geht. Aber ihre Zuwendung und Anteilnahme bedeuten für ihn zugleich Linderung und Aufheiterung. »Ich liebe Dich so sehr, daß ich für meine Person gar nicht nötig hätte, Dich zu estimieren. Du bist meine liebe Mouche und ich fühle minder meine Schmerzen, wenn ich an Deine Zierlichkeit, an die Anmut Deines Geistes denke.« Nie aber verfällt Heine dem Selbstmitleid und der Rührseligkeit. Trotz seiner Hinfälligkeit bewahrt er eine ironische, fast heitere Distanz.

Wahrhaftig, wir beide bilden
Ein kurioses Paar,
Die Liebste ist schwach auf den Beinen,
Der Liebhaber lahm sogar.

Sie ist ein leidendes Kätzchen,
Und er ist krank wie ein Hund,
Ich glaube im Kopfe sind beide
Nicht sonderlich gesund.
Sie sei eine Lotusblume,
Bildet die Liebste sich ein,
Doch er, der blasse Geselle,
Vermeint der Mond zu sein.

Die Lotusblume erschließet
Ihr Kelchlein im Mondenlicht,
Doch statt des befruchtenden Lebens
Empfängt sie nur ein Gedicht.

Bis zu seinem Tode verarbeitet Heine seine persönliche Misere in sprachlicher Gestaltung. Literatur, insbesondere Poesie wird zum Medium des Geistes, der sich bis zum letzten Atemzug gegen die körperlichen Gebrechen zu behaupten sucht. Aus dem Nachlass veröffentlicht, erschienen 1869 *Letzte Gedichte und Gedanken von Heinrich Heine,* erstaunliche Zeugnisse eines klaren und kreativen Geistes in einem sterbenskranken Körper. Ungebrochen ist seine Liebe zum Leben, zum unaufhörlichen Werden in der Natur. Je intensiver er jedoch das Aufblühen frischen Lebens wahrnimmt, desto deutlicher tritt ihm das eigene trostlose Ende vor Augen. Tragisch erlebt er den Kontrast zwischen der stetig sich erneuernden Natur und dem hinfälligen Ich, für das es keine Erneuerung zu geben scheint. Schon in den *Vermischten Schriften* heißt es im Gedicht *Im Mai:*

Heinrich Heine mit Elise Krinitz. Holzstich von Heinrich Lefler, nach 1860

Hier oben aber – wie grausamlich
Sonne und Rosen stechen sie mich!
Mich höhnt der Himmel, der bläulich und mailich –
O schöne Welt, du bist abscheulich!

Leib und Seele.
Die arme Seele spricht zum Leibe:
Ich lass' nicht ab von dir, ich bleibe
Bei dir – ich will mit dir versinken
In Tod und Nacht, Vernichtung trinken!
Du warst ja stets mein zweites Ich,
Das liebevoll umschlungen mich,
Als wie ein Festkleid von Satin,
Gefüttert weich mit Hermelin –
Weh mir! Jetzt soll ich gleichsam nackt,
Ganz ohne Körper, ganz abstrakt,
Hinlungern als ein sel'ges Nichts
Dort oben in dem Reich des Lichts,
In jenen kalten Himmelshallen,
Wo schweigend die Ewigkeiten wallen
Und mich angähnen – sie klappern dabei
Langweilig mit ihren Pantoffeln von Blei.
O, das ist grauenhaft; o bleib,
Bleib bei mir, du geliebter Leib
Nachlese

Gleichgültig und teilnahmslos begegnet die Natur dem Menschen. Sein Schönheitssinn, seine Lebenslust, seine Sehnsucht nach Unversehrtheit und Unsterblichkeit werden grausam enttäuscht. Jeder Aufbruch endet in einem Abgrund, das Leiden durchkreuzt die Lust, und am Ende steht der Einzelne vor dem Scherbenhaufen eines Lebens, aus dem das Schicksal ihn sinnlos herausdrängt. Wenig zu überzeugen vermögen ihn die Jenseitsverheißungen, zumal er sich keine Steigerung des Glücks wünscht, das er hier bereits fand.

Mich locken nicht die Himmelauen
Im Paradies, im sel'gen Land;
Dort find ich keine schönre Frauen,
Als ich bereits auf Erden fand.

Heinrich Heine auf dem Totenbett

Kein Engel mit den feinsten Schwingen
Könnt mir ersetzen dort mein Weib;
Auf Wolken sitzend Psalmen singen,
Wär auch nicht just mein Zeitvertreib.

O Herr! Ich glaub', es wär das beste,
Du ließest mich in dieser Welt;
Heil nur zuvor mein Leibgebreste,
Und sorge auch für etwas Geld.

In der Zerstörung eines sinnlich erlebten Glücks im Diesseits mit Blick
auf einen jenseitig ebenso vagen wie
eintönigen Zustand äußert sich noch
einmal der Widersinn eines Glaubens,
der als höchstes Ziel von einem Leben
erlösen will, an das sich der Einzelne
mit allen Fasern gebunden fühlt. Ein
Glaube aber, der dem Menschen auf
diese Weise Gewalt antut, verstößt
nicht nur gegen seine Freiheit, sondern
gibt sich darüber hinaus als Ausgeburt
einer widernatürlichen Heilsvorstel-
lung zu erkennen. Je näher der Tod
rückt, desto schillernder sprudeln die
Lebensphantasien des Todgeweihten.

Bimini. Ein buntes Blatt,
1924

Bimini stellt die Skizze der letzten
größeren Versdichtung Heines dar. Gemeint sind die
zwei kleinen Koralleninseln aus der Bahamas-Gruppe,
nach der Ponce de Leon aus dem Gefolge von Hernando
Cortez aufbrach und dabei 1512 Florida entdeckte.

Nach dem Glauben der Indianer ist die Insel Bimini
ein Wunderland, das ewige Jugend verheißt. Mit Ponce
de Leon begibt sich das Ich wunschbeladen auf die
große Fahrt.

Sag der Sonne, daß sie wieder
Glut in meine Adern gieße,
Sag dem Lenze, daß er wecke
In der Brust die Nachtigallen. –

Ihre Rosen, gib sie wieder
Meinen Wangen, gib das Goldhaar
Wieder meinem Haupt, o Jungfrau,
Gib mir meine Jugend wieder.

Bimini. Ponce de Leon

Fast will es scheinen, als ob Heine an das Wasser der Verjüngung, an das romantische Märchen von der ewigen Jugend glaube. Mit suggestiven Gesten beschwört er das vorgestellte Jugendland, wo die Greise das Alter abstreifen wie die Raupen ihre Hüllen. Schon erscheint Ponce de Leon als der große Menschenretter und der Dichter in seinem Gefolge als der Verkünder von der endlichen Erfüllung des großen Menschheitstraums. Ganz zurückgewichen sind die Götter angesichts einer hymnisch gefeierten Natur, in deren Schoß die Verjüngungskräfte schlummern und nur zu erwecken sind von dem, der unerschütterlich an sie glaubt. Noch einmal meldet sich der letzte Fabelkönig der Romantik zu Wort, noch einmal entfaltet sich die grenzenlose Wunscherfüllung stiftende Märchenpoesie. Doch das goldene Zeitalter ewiger Jugend ist der Wunschtraum des Sterbenden, verurteilt zum Altern wie alles, was an das Dasein des Einzelnen gebunden ist.

Während er die Jugend suchte,
Ward er täglich noch viel älter,
Und verrunzelt, abgemergelt,
kam er endlich in das Land.

Mit ihm, der aufgebrochen war zum Eldorado der Verjüngung, altern auch seine Träume und Visionen. Die Phantasie, aus der existenziellen Misere gespeist, stößt ins Leere, die Utopie mündet ins Nirwana. Das Wasser des Lebens fließt dahin in der Lethe, in jenem

Fluß der Unterwelt, dessen Wasser den Toten das ewige Vergessen schenkte.

> Lethe heißt das gute Wasser!
> Trink daraus, und du vergißt
> All dein Leiden – ja, vergessen
> Wirst du, was du je gelitten –
>
> Gutes Wasser, gutes Land!
> Wer dort angelangt, verläßt es
> Nimmermehr – denn dieses Land
> Ist das wahre Bimini.

Heinrich Heines Toten-maske

Nicht die Erfüllung des Verjüngungstraums wird dem Einzelnen zuteil, sondern die Gnade des Vergessens. *Bimini* ist die letzte verzweifelte Illusion des Romantikers, den das Leben längst zum illusionslosen Realisten gewandelt hat. Poesie gestaltet nicht länger wunderbare Welten, sondern gewährt die Chance, sich der Hinfälligkeit und Gebrechlichkeit des Daseins gegenüber mit der Würde und Kraft des kreativen Geistes zu behaupten. Heine ist vielleicht nicht nur einer der besten, sondern auch einer der ersten Humoristen in der deutschen Literatur, der der Unausweichlichkeit eines tödlichen Schicksals das Trotzdem des Künstlers entgegenstellt, der mit seiner Sprache sein eigenes souveränes Reich errichtet. Auf das Chaos antwortet er mit dem Kosmos seines Werks, auf die absurde Ungestalt mit der sinnstiftenden Gestalt seiner Kunst. Und dennoch unaufgelöst bleibt der Widerspruch zwi-

> Phantasie sitzt an dem Steuer,
> Gute Laune bläht die Segel,
> Schiffsjung' ist der Witz, der flinke;
> Ob Verstand an Bord? Ich weiß nicht!
>
> Meine Raaen sind Methaphern,
> Die Hyperbel ist mein Mastbaum,
> Schwarz-rot-gold ist meine Flagge,
> Fabelfarben der Romantik –
>
> [...]
>
> Durch das Meer der Märchenwelt,
> Durch das blaue Märchenweltmeer.
> Zieht mein Schiff, mein Zauberschiff
> Seine träumerischen Furchen.
> *Bimini*

schen der Heiterkeit der Schönheit und dem Abschied, den man am Ende von ihr nehmen muss.

> Mein Tag war heiter, glücklich meine Nacht.
> Mir jauchzte stets mein Volk wenn ich die Leier
> Der Dichtkunst schlug. Mein Lied war Lust und Feuer,
> Noch blüht mein Sommer, dennoch eingebracht
> Hab' ich die Ernte schon in meine Scheuer –
> Und jetzt soll ich verlassen, was so teuer
> So lieb und teuer mir die Welt gemacht.

Das Bekenntnis zur Heiterkeit und Schönheit des Lebens trotz seines unaufhaltsamen Endes ist das tiefste Vermächtnis des Humoristen. Selbst sein unsägliches Leiden lässt Heine niemals ungerecht werden den Genüssen und der Lust gegenüber, die das Leben ihm gewährt hat. Was bleibt, ist das Rätsel eines Daseins, das dem Einzelnen so viel gibt, um es ihm am Ende wieder zu nehmen. Heine ist der moderne, diesseitige Mensch, der festhalten möchte, was ihm Vergangenheit und Gegenwart geschenkt haben und der doch seiner Zukunft mit leeren Händen entgegen geht.

Seine letzten Wochen und Tage waren eine Passion ohne Ende. Immer häufiger musste er die angekündigten Besuche seiner Mouche aufschieben. Im November 1855 besuchten ihn noch einmal seine Geschwister Charlotte und Gustav. Dann scheint er nur noch mit seinen Leiden allein, die ihn Tag und Nacht nicht mehr verlassen. Am 17. Februar 1856, morgens um 5 Uhr stirbt Heine an allgemeiner Schwäche und völliger Auszehrung. Drei Tage später wird er

Wer ist ein Humorist? Der den witzigsten aller Nägel in die Wand oder die Hirnschale des hochlöblichen Publikums schlägt und die ganze Garderobe der Zeit und aller vergangenen Zeit daran aufhängt.
*Wilhelm Raabe.
Nachlese. Gedanken
und Einfälle*

Heinrich Heines Grab

Heinrich Heines Grab in seiner bisherigen Gestalt.

beigesetzt auf dem Friedhof Montmartre. Seinem Sarg
folgen etwa hundert Personen, unter ihnen Dumas
und Gautier.

> O Gott, verkürze meine Qual,
> Damit man mich bald begrabe,
> Du weißt ja, daß ich kein Talent
> Zum Martyrtume habe.
>
> Ob deiner Inkonsequenz, o Herr,
> Erlaube, daß ich staune:
> Du schufest den fröhlichsten Dichter, und raubst
> Ihm jetzt seine gute Laune.
>
> Der Schmerz verdumpft den heitern Sinn
> Und macht mich melancholisch,
> Nimmt nicht der traurige Spaß ein End,
> So werd ich am Ende katholisch.
>
> Ich heule dir dann die Ohren voll,
> Wie andre gute Christen –
> O Miserere! Verloren geht
> Der beste der Humoristen.

Heine-Büste von H. Müller. Bronze, Ende 19. Jh.

Heine-Monument von
Bert Gerresheim in
Düsseldorf

Chronologie

1797 Am 13. Dezember in Düsseldorf geboren. Eltern: Textilkaufmann Samson Heine und Betty van Geldern.

1815 Kaufmännische Praktika in Frankfurt/M.

1816 Lehrling im Bankhaus des Onkels Salomon Heine in Hamburg.

1819 Eröffnung eines Manufakturengeschäfts in Hamburg. Liquidation der Firma. Immatrikulation an der Universität Bonn.

1820 Immatrikulation an der Universität Göttingen.

1821 Immatrikulation an der Universität Berlin. *Gedichte.*

1822 Polenreise.

1823 *Tragödien* mit einem *Lyrischen Intermezzo.* Aufenthalte an der Nordsee.

1824 Immatrikulation an der Universität Göttingen. Harzwanderung.

1825 Juristisches Examen. Protestantische Taufe in Heiligenstadt (Eichsfeld). Promotion zum Dr. juris. Norderney.

1826 *Reisebilder.* Erster Teil.

1827 Reise nach England. *Reisebilder.* Zweiter Teil. *Buch der Lieder.* In München als Journalist für die *Neuen allgemeinen politischen Annalen.*

1828 Reise nach Italien.

1829/30 Aufenthalt auf Helgoland. *Reisebilder.* Dritter Teil.

1831 Übersiedlung nach Paris. In der Normandie. Korrespondententätigkeit für Cottas *Allgemeine Zeitung.*

1832 *Französische Zustände.*

1833 *Zur Geschichte der neueren schönen Literatur in Deutschland. Der Salon.* Band 1.

1834 Begegnung mit Crescentia Eugenie Mirat (Mathilde).

1835 *Der Salon.* Band 2. *Die romantische Schule.* Verbot des »Jungen Deutschland«.

1837 *Der Salon.* Band 3.

1840 Neue Korrespondentenberichte für die *Allgemeine Zeitung.* Jahrespension durch die französische Regierung. *Ludwig Börne. Der Salon.* Band 4.

1841 Kirchliche Trauung mit Mathilde. Pistolenduell.

1843 Deutschlandreise.

1844 Mitarbeit an den *Deutsch-Französischen Jahrbüchern. Neue Gedichte. Deutschland – Ein Wintermärchen.* Tod Salomon Heines. Erbschaftsstreit. Verschlechterte Gesundheit.

1846 Aufenthalt in den Hautes Pyrenées.

1847 *Atta Troll.*

1848 Aufenthalt in der Klinik. Dramatische Verschlechterung des Gesundheitszustands. Fortschreitende Lähmung. Zusammenbruch im Louvre. »Matrazengruft«.

1851 *Romanzero. Der Doktor Faust.*

1854 *Vermischte Schriften.* I–III.

1855 Bekanntschaft mit Elise Krinitz (Mouche).

1856 Tod Heines am 17. Februar in Paris. Beisetzung auf dem Friedhof Montmartre.

1861 Herausgabe der Originalausgabe in 21 Bänden durch Adolf Strodtmann.

1869 *Letzte Gedichte und Gedanken* von Heinrich Heine. Aus dem Nachlass des Dichters veröffentlicht.

1887–90 Sämtliche Werke. Sieben Bände. Hrsg. von Ernst Elster.

1973–1997 Historisch kritische Gesamtausgabe der Werke. Sechzehn Bände. Hg. von Manfred Windfuhr.

Literatur

Werkausgaben
Sämtliche Werke. Hg. von
Adolf Strodtmann. 21 Bde.
Hamburg 1861–1869

Sämtliche Werke. Kritische
Gesamtausgabe. Hg. von
Ernst Elster. 7 Bde. Leipzig
1887–1890

Historisch-kritische Gesamtausgabe. Hg. von Manfred
Windfuhr. 16 Bde. Hamburg
1973–1997

Briefe
Briefe. Erste Gesamtausgabe. Hg. von Friedrich Hirth.
6 Bde. Mainz 1950–1953

Werke und Briefe. Hg. von
Hans Kaufmann. 10 Bde.
Berlin 1961–1964

Gesamtdarstellungen
Hädecke, Wolfgang: Heinrich
Heine. München 1985

Hauschild, Jan Christoph/
Michael Werner: Der Zweck
des Lebens ist das Leben
selbst. Köln 1997

Hauschild, Jan Christoph und
Michael Werner: Heinrich
Heine. München 2002

Kruse, Joseph Anton: Heinrich Heine. Leben und Werk
in Texten und Bildern. Frank-
furt/Main 1983

Lietke, Christian: Heinrich
Heine. Reinbek 1997

Marcuse, Ludwig: Heinrich
Heine. In: Selbstzeugnissen
und Bilddokumenten. Rein-
bek 1960

Mende, Fritz: Heinrich Heine.
Chronik seines Lebens und
Werks. 2. Aufl. Berlin 1981

Samsons, Jeffrey L.: Heinrich Heine. A Modern Biogra-
phy. Princeton 1979

Windfuhr, Manfred: Heinrich
Heine. Revolution und Reflexion. Stuttgart 1969

Ziegler, Edda: Heinrich Heine. Leben, Werk, Wirkung.
Zürich 1993

Studien zu Leben und Werk
Grab, Walter: Heinrich Heine
als politischer Dichter. Heidelberg 1982

Höhn, Gerhard: Heine-Hand-
buch. Zeit, Person, Werk.
2. Aufl. Stuttgart 1997

Kircher, Hartmut: Heinrich
Heine und das Judentum.
Bonn 1973

Kreutzer, Leo: Heine und der
Kommunismus. Göttingen
1970

Kruse, Joseph A.: Heine-Zeit.
Stuttgart und Weimar 1997

Kuttenkeuler, Wolfgang:
Heinrich Heine. Theorie und
Kritik der Literatur. Stuttgart
1972

Montanus, Henner: Der kranke Heine. Stuttgart und Weimar 1995

Prawer, Siegbert Salomon:
Heine. The Tragic Satirist.
A Study of the later poetry.
1827–1856. Cambridge
1961

Preisendanz, Wolfgang: Heinrich Heine. Werkstrukturen
und Epochenbezüge. Mün-
chen 1973

Sternberger, Dolf: Heinrich
Heine und die Abschaffung
der Sünde. Hamburg und
Düsseldorf 1972

Werner, Michael: Genius und
Geldsack. Zum Problem des
Schriftstellerberufs bei Hein-
rich Heine. Düsseldorf 1978

Bibliographien
Heine-Bibliographie. Hg. von
Gottfried Wilhelm und Eber-
hard Galley. 2 Bde. Weimar
1960

Heine-Bibliographie 1954–64.
Hg. von Siegfried Seifert.
Berlin und Weimar 1968

Heine-Bibliographie 1965–82.
Hg. von Siegfried Seifert und
Albina A. Wolgina. Berlin und
Weimar 1986

Heine-Bibliographie 1983–95.
Hg. von Erdmann von Wila-
mowitz-Moellendorf und
Günther Mühlpfordt. Stuttgart und Weimar 1998

Heine Jahrbuch 1962 ff., mit
fortlaufender Bibliographie

Register

Abbildungsnachweis

Die Rechte für alle nicht aufgeführten Abbildungen liegen beim Autor, beim Verlag oder konnten nicht ausfindig gemacht werden.